MENTE DE AÇO

ATITUDES DE OURO

Mente de aço, atitudes de ouro

1ª edição: Setembro 2023

Autor:
Tiago Cavalcanti Tabajara

Preparação de texto:
Samuel Vidili

Revisão:
Debora Capella
Rebeca Michelotti

Projeto gráfico:
Jéssica Wendy

Capa:
Dimitry Uziel

DADOS INTERNACIONAIS DE CATALOGAÇÃO NA PUBLICAÇÃO (CIP)

Tabajara, Tiago Cavalcanti.
Mente de aço, atitudes de ouro : como ajustar seu mindset para o sucesso que deseja / Tiago Cavalcanti Tabajara. — Porto Alegre : Citadel, 2023.
208 p.

ISBN: 978-65-5047-243-6

1. Autoajuda 2. Sucesso I. Título

23-4715 CDD - 158.1

Angélica Ilacqua - Bibliotecária - CRB-8/7057

Produção editorial e distribuição:

CITADEL Grupo Editorial
contato@citadel.com.br
www.citadel.com.br

TIAGO CAVALCANTI TABAJARA

MENTE DE AÇO ATITUDES DE OURO

como ajustar seu **MINDSET** para o sucesso que deseja

CITADEL
Grupo Editorial
2023

DEDICATÓRIA

Dedico este livro à minha família, especialmente ao meu pai, Breno, por ter me ensinado princípios e valores, por ter me mostrado o caminho até Jesus e por ter me dito um dia que todas as pessoas eram iguais; dessa maneira, eu poderia ser quem eu quisesse.

À minha mãe, Angela, pelo amor, pelos princípios e valores, pelo incentivo, pelo carinho e pelas nossas longas conversas sobre os mais variados assuntos, o que me ajudou e ainda ajuda a ver as situações sob outros prismas.

Para os meus filhos, Antonella e Matias, por suportarem minhas ausências com muito trabalho e longos períodos de estudo. Eles se tornaram meu maior incentivo na busca pelo sucesso e torço para que eu seja um ótimo exemplo de pai, pessoa e profissional.

À minha sócia da vida, Vanessa de Moura, pelo intenso incentivo e por acreditar e apostar nas minhas ideias malucas.

Amo vocês!

AGRADECIMENTOS

Agradeço a todos que me apoiaram e incentivaram na construção de cada edição desta obra, bem como apostaram em minhas ideias, adquirindo a primeira edição na pré-venda, quando o livro ainda estava no processo de elaboração.

Agradeço também aos quase 17 mil leitores que compraram a primeira edição e aos mais de 30 mil que compraram a segunda, seja na versão impressa ou e-book, e aos amigos e alunos, que sempre me pediram que produzisse novos conteúdos.

Graças às suas indicações, gerou-se uma grande rede de entusiastas da neurociência ávidos por novos conhecimentos.

Agradeço aos professores da Infinity, por suas ideias e contribuições para a produção deste livro.

Meu muito obrigado também ao professor Dr. Fernando Pianaro, que foi meu orientador, tanto no mestrado quanto no doutorado, e acabou se tornando um amigo e também professor em nosso MBA e em nosso mestrado.

SUMÁRIO

PREFÁCIO

Caro leitor, tenho a honra de apresentar a você um livro que promete revolucionar a sua forma de pensar e agir. Este livro, intitulado *Mente de aço, atitudes de ouro*, apresenta uma análise profunda e abrangente sobre a formação do nosso MINDSET — o conjunto de crenças, valores e atitudes que moldam a nossa visão de mundo e influenciam nossas escolhas e ações.

Por que alguns indivíduos prosperam enquanto outros falham? Por que algumas empresas têm sucesso e outras fracassam? A resposta está no MINDSET. O nosso MINDSET é o principal determinante do nosso sucesso pessoal e profissional. E é isso que este livro explora em profundidade.

Os 14 capítulos abordam temas fundamentais, desde a formação do MINDSET, a influência da neurociência e a importância da memética na cultura individual e organizacional até a relação entre o MINDSET e gerações, hábitos, conflitos, genética, liderança, entre outros.

Ao ler este livro, você terá acesso a informações e ferramentas que vão ajudá-lo a entender a si mesmo, os outros e o mundo ao seu redor. Você aprenderá como gerar as mudanças que deseja em sua vida e carreira, desenvolver a autoestima e lidar com conflitos, modificar seus hábitos e influenciar positivamente aqueles ao seu redor.

O MINDSET é o motor que impulsiona cada pessoa a agir. Essa forma de pensar, construída por meio de vivência, influência social, conhecimentos e estudos, é o que nos permite superar obstáculos e alcançar nossos objetivos ou nos manter na inércia. Tudo depende do que usamos para abastecer nossa mente. Algumas influências nos ajudam a crescer e progredir, enquanto outras nos limitam e nos impedem de avançar.

Ao longo dos 14 capítulos deste livro, você descobrirá o poder do MINDSET. Aprenderá como nossos pensamentos e crenças influenciam nosso comportamento e como podemos transformar nossas vidas mudando nossa mentalidade. Você verá como a neurociência é uma ferramenta poderosa para gerar mudanças duradouras e como a memética influencia a cultura individual e organizacional.

Você também aprenderá sobre as diferentes gerações e seus padrões de MINDSET e atitudes. Entenderá como o MINDSET americano impulsionou o sucesso da nação e como o MINDSET brasileiro foi moldado pela mídia. Ainda aprenderá como a genética influencia a formação do MINDSET e como a preparação mental pode ser a chave para o sucesso.

Na terceira parte deste livro, você terá acesso a informações valiosas e ferramentas práticas para desenvolver um MINDSET de sucesso. Serão apresentados conceitos relevantes, tais como a estrutura completa da formação da cultura individual, a importância da aderência memética na construção de equipes de alta performance, a influência do MINDSET em nossos hábitos e comportamentos, entre outros.

O capítulo 8 traz uma análise detalhada sobre o MINDSET americano, mostrando como alguns memes impulsionaram uma nação. Já o capítulo 9 apresenta o MINDSET profile, explicitando como funciona o MINDSET de cada perfil psicológico. O capítulo 10 traz uma reflexão sobre como uma mente de aço precisa aprender a lidar com conflitos.

O capítulo 11 é especialmente interessante, uma vez que explora como nossos hábitos são constituídos e modificados, e como o MINDSET pode influenciar positivamente nesse processo. O capítulo 12, por sua vez, traz uma perspectiva mais científica, explorando como a genética impacta a formação da nossa mentalidade.

O capítulo 13 é bastante relevante para nós, brasileiros, já que explora como nossa nação foi construída a partir da influência da mídia. Por fim, o capítulo 14 encerra o livro com um olhar para o futuro, apresentando o ciclo do comportamento e mostrando como podemos nos preparar para desenvolver um MINDSET de sucesso.

Tenho certeza de que a leitura deste livro será uma experiência enriquecedora e transformadora. Ao final, você estará mais preparado para enfrentar os desafios da vida e alcançar o sucesso que deseja em sua vida pessoal ou profissional. Não perca mais tempo e comece agora mesmo a mergulhar no universo fascinante do MINDSET.

TIAGO CAVALCANTI TABAJARA

INTRODUÇÃO

NOSSOS PENSAMENTOS DEFINEM O NOSSO SUCESSO

Como tudo começou e continuou

"Não sabendo que era impossível, foi lá e fez."

JEAN COCTEAU (05/07/1889 – 11/10/1963)

Era mais um dia normal — ou quase — na rotina de uma criança de seis anos de idade. Era 1986 e, mesmo que não consiga me lembrar em que época do ano estávamos ou se fazia calor ou frio, me recordo que foi um dos episódios mais importantes da minha vida. No entanto, acredito que tenha sido à tarde, possivelmente sábado, já que eu estudava nesse período e estava em casa. Então, deveria ser sábado mesmo.

Ainda lembro de como o dia estava ensolarado e do que senti enquanto assistia a um dos filmes mais famosos dessa época.

O filme era *Superman II*, aquele em que o herói, além de enfrentar seu arqui-inimigo, Lex Luthor, precisa encarar os três kryptonianos que estavam presos no espaço há muito tempo, mas foram libertados por acidente devido a uma bomba nuclear que estava prestes a explodir e foi enviada ao espaço pelo Superman para salvar a Terra.

Filme *Superman II – A aventura continua* (Reprodução).

Naquela tarde, me lembro claramente do medo que senti por todo o mal que eles representavam e por estarem destruindo a Terra. Gravei com clareza o nome do General Zold, vilão principal, e cheguei a achar que o Superman seria derrotado, o que não é nada bom para a cabecinha de uma criança.

O filme se desenvolveu e um pouco antes de acabar, quando o Superman dá a volta por cima e vence os vilões, fiquei muito animado e me senti muito orgulhoso quando eles foram derrotados. Naquele momento, em minha cabeça, eu também desejei ser um super-herói e ter aqueles poderes.

Eu queria ajudar as pessoas e salvar a humanidade da mesma forma que o Superman. Eu queria ter poderes para ajudar os outros e fazer muitas coisas boas. Foi nesse momento que virei para o meu pai, o Seu Breno, por quem tenho muito orgulho e admiração, e que estava na sala comigo, acho que lendo o jornal, e perguntei: "Pai, por que o Superman tem superpoderes e as outras pessoas não?". Ele parou, pensou, calmamente se virou, olhou para mim e sabiamente me deu uma resposta simples, mas que mudaria toda a minha vida: "Tiago, nenhuma pessoa tem superpoderes, é tudo ficção, é tudo de mentirinha. Ninguém é melhor que ninguém. As pessoas podem ser o que quiserem, desde que gastem tempo e energia para isso!".

Se o meu pai, assim como outros pais, tivesse noção do impacto que respostas como essa podem provocar na vida de seus filhos, acredito que dariam muito mais atenção às perguntas que as crianças fazem.

Creio que eles tentariam se manter mais informados e responderiam de forma muito mais atenta, pois saberiam do peso e da importância dessas respostas como influência e percepção de mundo dos seus filhos. Entenderiam o quanto essas respostas poderiam impactar o futuro de cada um e, por isso, passariam a escolher melhor as palavras.

Acredito que meu pai não tenha sido despretensioso na resposta, mas o mais provável é que ele não tenha percebido a dimensão do que disse. Até mesmo porque sempre foi comum eu fazer perguntas e ele responder. Além disso, por atuar como professor por muitos anos, já devia estar acostumado. No entanto, é improvável que ele tenha imaginado a reação que essa resposta desencadearia em mim.

Na mesma hora rebati com uma nova pergunta: “Pai, então eu posso ser quem eu quiser?”. Eu me referia à escolha profissional quando fiz essa pergunta, principalmente porque sempre gostei de cinema e a cada novo filme eu me influenciava pelo roteiro e dizia que seria, entre outras coisas, médico, policial, cientista etc.

Novamente meu pai respondeu: “Sim, Tiago, tu pode ser quem quiser”. “Posso ser então um cientista?” ”Pode sim!” “Posso ser um arqueólogo, como o Indiana Jones?” (Esse foi um filme popular e muito marcante para as crianças da época). “Pode sim!” “Posso ser um piloto de corrida?”.

Na época o Brasil parava para ver as disputas acirradas entre o brasileiro Nelson Piquet e o inglês Nigel Mansell nas competições de Fórmula 1. Novamente, meu pai respondeu: “Você pode ser quem quiser ser, ninguém tem superpoderes e ninguém é melhor do que ninguém. Você só precisa se dedicar ao que quiser, que vai dar certo!”.

Que respostas espetaculares! É muito provável que quem leia esse diálogo chegue à conclusão de que foram respostas normais de um pai às indagações de seu filho. Porém, é preciso analisar o contexto em que foram dadas, a fim de conhecer melhor seu resultado tão positivo sobre mim.

Nasci em Porto Alegre, estado do Rio Grande do Sul. Um lugar muito quente no verão e um dos mais frios do Brasil no inverno, atingindo temperaturas na faixa de 0° C.

Cresci em um dos piores momentos da economia brasileira e também um dos mais terríveis para meu pai. Lembro claramente de como era difícil ter dinheiro para comprar um simples iogurte no supermercado e de como eram caros os brinquedos, tornando cada presente recebido um evento memorável.

Lembro que a empresa em que meu pai era diretor, em 1984, faliu, deixando-o sem pagamento. Como ele não tinha reservas, foram tempos difíceis. Então, decidiu fundar sua própria empresa, no mercado de cosméticos, fornecendo os mesmos produtos daquela que havia falido.

O Brasil passava pelo Plano Cruzado, e a inflação chegava a 80% ao mês. E ainda havia três filhos para criar: eu e mais duas irmãs. A caçula veio mais tarde, em 1987, de forma inesperada.

Naquele momento da economia, o mercado não reagiu como esperado e, alguns anos depois, quem faliu foi meu pai. Acontece que, mesmo diante de tantas dificuldades, lembro claramente dele se "desdobrando em mil" para sustentar a família, enxergando e aproveitando oportunidades em todos os cantos e empreendendo da maneira que podia. Jamais vi meu pai desesperado ou sem saber o que fazer, e isso exerceu um impacto e uma influência muito grande na minha vida. Por isso ele é uma referência bem forte para mim.

Seu Breno era o mais velho de uma família de oito irmãos e aprendeu a "se virar" e a ser responsável desde cedo. Ele sempre conta de uma ocasião em que tinha apenas seis anos e precisou ficar em casa com seus irmãos mais novos, por causa de uma situação emergencial. Nesse dia, teve que assar um frango para dar almoço aos irmãos, o que não era tão incomum.

O meu avô sempre foi empreendedor, um cara de negócios, e conquistou muitos bens em sua vida pelo próprio esforço. Um grande incentivo ao meu pai.

Uma criança também muito questionadora e com poucas regras, meu pai sempre teve incentivo para se desenvolver e estudar o que quisesse.

Graças à boa situação financeira de meu avô, sempre frequentou escola particular e fazia cursos por correspondência, como os de rádio amador e eletrônica. Esse empenho o tornou muito competente em tudo que se envolvia. Antes dos vinte anos já tinha sua própria empresa e, antes dos trinta, era diretor comercial em uma multinacional.

Voltando à década de 1980, mesmo com pouca idade, eu era uma criança que entendia de muitas coisas, inclusive das que não devia. Como os tempos eram outros e pouco se sabia sobre psicologia e desenvolvimento infantil, várias infâncias foram abreviadas, e as crianças eram expostas a conteúdos indevidos e, muitas vezes, cobradas como adultos em suas tarefas.

Vivíamos uma época pós-intervenção militar e havia muita permissividade na televisão, que transmitia bem mais do que devia, incluindo conteúdos como sexualidade e violência, inaceitáveis nos dias de hoje. Então, quando meu pai me deu aquelas respostas, eu crescia num ambiente de poucos recursos, como quase todas as crianças.

Era exposto aos problemas dos adultos e já tinha condições de interpretar aquelas respostas de forma muito madura, o que me gerou uma grande transformação pessoal e uma mente bastante otimista.

Aquelas respostas faziam todo o sentido do mundo para mim, porque mesmo sendo uma criança muito madura para a época, ainda prevaleciam alguns traços de inocência, como o de achar que existiam pessoas com superpoderes.

Porém, quando recebi aquelas respostas, foi como se eu tivesse recebido uma injeção de coragem e, ao mesmo tempo, de responsabilidade, pois a partir de então minha mente abriu-se para inúmeras possibilidades e desejos. Enxergava perspectivas de mudanças para situações de falta de recursos a que eu estava acostumado.

Passei a pensar no que queria ser quando crescesse e a me interessar, entre outras coisas, por computadores, sem imaginar que seria uma área em que eu atuaria por quase quinze anos.

Cheguei a fazer um curso de programação em Basic com sete anos de idade. Sabia que tudo o que quisesse ser, fazer ou ter, eu podia conquistar e que só dependia de mim.

Quando eu estava na terceira série do Ensino Fundamental, lembro que meu pai tinha uma cartela de adesivos vermelhos com a palavra "URGENTE" escrita e que ele usava para etiquetar alguma coisa.

Um dia peguei alguns desses adesivos, levei para minha sala de aula a fim de vender para meus colegas dizendo que eles precisavam do material para marcar o que cairia nas provas. Não demorou mais do que vinte minutos para tudo estar vendido. O senso de negócios já estava implantado!

Quando comecei a pensar um pouco como adulto, não via como negativo o fato de meus pais não haverem tido recursos para me dar o que eu queria. Sabia que me davam o que podiam, mas estava longe do que eu desejava.

Dessa maneira, o que mais me motivava era o sabor da conquista. Tinha a ver com competição, vencer obstáculos, liberdade de comprar qualquer coisa pelo meu esforço, indo além da visão atrelada à necessidade de sustento.

Esse sentimento foi crescendo, e aos doze anos, durante seis meses trabalhei como office-boy, até descobrir a dificuldade de trabalhar e estudar ao mesmo tempo.

Já com quinze anos, aprendi sozinho a usar o software Corel Draw e comecei a fazer cartões de visitas, logotipos e fôlderes. Aos dezessete anos, fiz os convites da formatura da minha turma do Ensino Médio e de todas as outras que se formaram naquele ano e no seguinte.

Nesses dois anos, fiz também as camisetas comemorativas da formatura e organizei toda a cerimônia para cerca de quinhentas pessoas, incluindo divulgação, locações e contratações de infraestrutura, convites, filmagem, fotografia e ensaio da cerimônia.

Aos dezoito anos, comecei a trabalhar como monitor de sala em um cursinho pré-vestibular para poder custear minhas aulas e, aos dezenove, passei a supervisionar uma das sedes da empresa, coordenando 24 funcionários.

Nesse período, aprendi muitas coisas, principalmente a importância da conquista e que não existe limitação para o que desejarmos. Aprendi a ter orgulho em comprar algo através do dinheiro ganho com muito trabalho e esforço. E que sensação formidável!

Aquelas simples respostas tinham elevado meus pensamentos a uma condição e a um desejo de conquista além do normal. Saber que todas as pessoas eram iguais, que ninguém era melhor do que ninguém e que eu podia escolher a profissão que quisesse me tornaram destemido e confiante para tudo.

Sempre que alguém tentava me obrigar a fazer algo que eu não quisesse, eu não fazia. Qualquer tarefa que precisasse ser feita, eu queria entender o porquê antes de executá-la. Sabia que se as pessoas eram iguais, não fazia sentido eu ser desrespeitado, maltratado ou ter que obedecer qualquer ordem sem questionar ou avaliar, não importando quem fosse.

Não fazia isso para desacatar as pessoas ou por rebeldia; era uma questão de receber a devida importância e entender o objetivo de cada tarefa.

Sabia que meu trabalho era essencial para a empresa e que o salário que me era pago não era um favor, mas sim algo que também os beneficiava.

Portanto, era necessário haver uma relação de respeito e de ganha-ganha. Não fazia sentido receber um tratamento desrespeitoso ou humilhante somente porque era da empresa que vinha minha remuneração. A empresa também se beneficiava com o meu trabalho.

Sabendo que todos tinham a mesma capacidade para chegar aonde quisessem, jamais consegui tratar qualquer pessoa com reverência exagerada ou de forma superestimada. Não importava se fosse famosa, muito importante ou influente. Sempre via essas pessoas como normais, iguais a mim.

Com isso, aprendi a buscar um trabalho que me deixasse feliz, não aceitando qualquer condição ou forma de tratamento. Porém, isso não significa que não tenha aprendido a fazer coisas de que não gosto e que não tenha respeitado meus líderes, mesmo quando havia divergência de opiniões. Significa apenas que aprendi a buscar o meu espaço e que acredito que possa realizar qualquer coisa.

Essa visão é tão forte que ao longo da minha vida acabei trabalhando em 22 empresas, incluindo estágios, empregos informais e temporários, além de empreender por duas vezes em negócios que não deram certo, até trilhar novamente o atual caminho de empreendedor na Infinity Neurobusiness School, uma instituição de ensino superior e educação corporativa com base na neurociência.

Porém, dessa vez totalmente no controle do negócio, atuando conforme minhas regras e meus valores, procurando compartilhar a minha visão com todos que se aproximam para trabalhar comigo.

Tantas experiências de trabalho me fizeram indagar se existem outras pessoas quc, assim como eu, possuem valores pessoais e ideias próprias que as levam a não se adaptarem a qualquer cultura empresarial em que atuem.

De fato, analisando o mercado de trabalho e os dados de diversas pesquisas sobre recursos humanos, clima organizacional, produtividade, treinamento e desenvolvimento, encontrei números assustadores quanto ao *turnover* das empresas, tanto no Brasil quanto em nível mundial. Ou seja, os dados iniciais apontam que não sou apenas eu que tenho dificuldade em me adaptar à cultura de algumas empresas.

Segundo pesquisa desenvolvida em 2014 pela consultoria Robert Ralph, o turnover aumentou 59% e tem aumentado todos os anos. Já em 2019 esse número aumentou para 82%, segundo o Dieese, e em 2022, seguiu alto, ficando em 56% de acordo com dados do Caged.

Entre as principais causas, destacam-se os problemas de relacionamento entre o liderado e seu líder direto, com 30% das causas de demissão ou pedido de demissão segundo Gartner (2022).

A célebre frase de Peter Drucker faz todo o sentido. *"As pessoas são contratadas pelas suas habilidades técnicas, mas são demitidas pelos seus comportamentos"*, o que não significa que o comportamento errado seja do funcionário. O que sabemos é que os valores e o MINDSET eram diferentes, gerando comportamentos inadequados e atitudes divergentes.

Foi a partir dessa indagação inicial que desenvolvi o Método MINDLeader durante pesquisa para o mestrado nos Estados Unidos. Esse método é capaz de mapear a cultura organizacional de uma empresa para descobrir o nível de aderência de seus colaboradores a ela.

Com isso, é possível fazer um processo de superação dos pontos divergentes, alinhando a mentalidade de todos os colaboradores com a missão, a visão e os valores de qualquer empresa. Além disso, o conceito se tornou a inspiração central para este livro.

Espero que esta obra seja uma leitura agradável e produtiva para sua vida e que você possa ser tão impactado pelas informações e ideias que apresento quanto eu fui pelo meu pai quando eu ainda era criança.

CAPÍTULO 1

MINDSET E NEUROCIÊNCIA

Como gerar as mudanças que queremos para nossas vidas e carreiras

"Toda reforma interior e toda mudança para melhor dependem exclusivamente da aplicação do nosso próprio esforço."

IMMANUEL KANT (22/04/1724 – 12/02/1804)

O assunto MINDSET é muito mais complexo do que as pessoas popularmente possam acreditar, visto que sua formação vai além dos padrões de pensamento positivo ou de questões ligadas à motivação.

Para entender como se forma o padrão mental que orienta e direciona as pessoas nas atitudes e decisões, o que chamamos de MINDSET, precisamos compreender primeiramente sua origem e seu conceito.

MINDSET nada mais é do que um esquema ou modelo mental; o termo foi apropriado do inglês e significa mentalidade.

Esses padrões mentais se formam a partir do que chamamos de "contaminação memética", que ocorre em diferentes "ideosferas", ou seja, a partir de toda a influência social e comportamental que se dá em cada círculo social em que as pessoas estão inseridas.

A partir do contato com amigos, familiares, colegas de trabalho e até mesmo vizinhos, são formados os padrões individuais sobre o que é certo ou errado, o que é moda, o que é imoral e o que é ter sucesso.

Até mesmo uma viagem à Europa influencia diretamente nosso MINDSET, fazendo com que incorporemos alguns novos padrões vivenciados.

Além disso, o MINDSET se forma a partir de todas as vivências pessoais, sejam elas felizes, tristes, difíceis ou traumáticas. Assim, todas as experiências pessoais, bem como estudos, leituras, vídeos e filmes influenciam o MINDSET de cada um.

Muitas dessas influências podem ser positivas, ensinando as pessoas a perseverarem em busca do que acreditam e de seus sonhos. Porém, essas ideias e esses padrões de pensamento podem construir uma mentalidade limitada acerca do valor pessoal e da capacidade individual.

É possível que uma pessoa extremamente talentosa não consiga se perceber dessa forma. Também pode ser que ela jamais consiga desenvolver suas capacidades e habilidades porque, em algum momento de sua vida, acreditou em alguém ou em alguma vivência que sugeria que ela não era boa o suficiente para vencer ou que não tinha tanto talento assim; e isso gerou um padrão de pensamento e atitude em seu MINDSET de que ela nem deveria tentar.

Dessa forma, quando falamos em depressão nos deparamos com a estatística da OMS. Em 2017, 5,8% da população tinham esse tipo de transtorno, perdendo apenas para os Estados Unidos, com 5,9%.

Estatísticas como essa corroboram a visão de que pessoas com um MINDSET despreparado, ou seja, construído com uma visão distorcida da vida, com baixa autoestima, com baixo equilíbrio e resiliência emocional, tendem a gerar uma inabilidade em lidar ou suportar as dificuldades da vida, provocando esse tipo de transtorno.

É comum vermos a medicina alegando que a depressão é originária de um desequilíbrio químico e que, por isso, as intervenções com medicação se fazem necessárias para equilibrar esse estado cerebral.

Porém, a partir dos estudos que desenvolvemos em neurociência, entendemos que o desequilíbrio químico é originário dos pensamentos negativos e de um constante processo em que a pessoa passa horas ou dias revivendo as experiências ruins, como derrotas, frustrações e traumas, gerando padrões de pensamento derrotistas e uma constante tristeza.

Sabemos que tanto a tristeza quanto as outras emoções são manifestações inconscientes, biológicas e instintivas produzidas pelo sistema nervoso simpático, por isso são automáticas e não gerenciáveis.

Por exemplo: não podemos evitar a tristeza causada pelo término de um relacionamento, porém a intensidade dessa tristeza vai depender de como esse término for interpretado. Se em nosso MINDSET contiver um padrão de pensamento de que é normal os relacionamentos terminarem e de que o próximo sempre é melhor, a tristeza por esse episódio será interpretada como algo de menor intensidade e bem mais fácil de ser superado.

Porém, se o MINDSET de uma pessoa contiver um padrão de pensamento de que os relacionamentos são para sempre e jamais podem ser terminados, caso haja um término, ela sentirá uma sensação de fracasso e tristeza extrema e tenderá a ficar assim, de forma permanente, até que possa construir um novo padrão de pensamento em seu MINDSET, capaz de justificar o episódio do término do relacionamento sem que haja a sensação de fracasso.

Dessa forma, traduzindo de uma maneira bem prática, se a pessoa ficar pensando nos episódios de derrota, nas coisas que não deram certo, nos sonhos frustrados e naqueles que perdeu, sem aceitar esses fatos, apenas remoendo o passado, ela construirá uma visão dos fatos vividos e da realidade conhecida, passando a não suportar e não aceitar o passado.

Com isso, é induzido um processo de tristeza permanente que, por sua vez, gera uma diminuição na produção de **serotonina** (neurotransmissor que regula o humor), **dopamina** (neurotransmissor que regula o prazer) e **noradrenalina** (neurotransmissor que regula, entre outras coisas, a função de alerta) e um aumento de **cortisol** (hormônio que regula o processo de estresse e, consequentemente, colabora para o processo de depressão).

Com base na neurociência, cheguei à conclusão de que grande parte dos problemas de depressão é causada pelas dificuldades individuais em lidar com a frustração e as adversidades de uma forma geral.

A partir dos conceitos de MINDSET e memética, podemos atribuir a depressão, em parte, aos problemas na formação do MINDSET e de todos os padrões mentais contidos nele, que vão sendo acrescentados ano após ano a partir de aprendizados, vivências e influências culturais e sociais.

Dessa forma, também é possível que uma pessoa comum, independentemente do que vive, consiga modificar seus padrões mentais de forma a encarar os fatos e as vivências de maneira mais positiva, corajosa e resiliente, desde que entenda esse processo e se permita reconstruir seus padrões e suas certezas.

O caminho, portanto, é buscar uma contaminação memética de melhor qualidade, buscando introduzir os padrões de ideias e de pensamento que caminhem em direção aos objetivos e às mudanças pretendidas, não se esquecendo de bloquear a contaminação memética dos padrões antiquados e negativos que possam fazer o estado anterior retornar.

Na prática, isso significa se afastar ou diminuir o contato com as pessoas de nossos relacionamentos, de forma a preservar a mente e o estado emocional do aspirante à mudança para um MINDSET DE AÇO!

CAPÍTULO 2

MOTIVAÇÃO NÃO BASTA

A motivação não é suficiente para gerar mudanças duradouras

"Grandes obras não são feitas com força, mas sim com a perseverança."

SAMUEL JOHNSON (18/09/1709 – 13/12/1784)

Quando falamos em motivação, é comum acharmos que tudo o que fazemos depende dela. Acreditamos que se não houver motivação suficiente para agir, não seremos capazes de atingir nossos objetivos. Até certo ponto isso é verdade, pois o nosso corpo precisa de energia de ativação para gerar movimento, e cada pessoa necessita de uma quantidade de energia para se movimentar conforme a construção do seu MINDSET.

O próprio conceito fala que motivação é um impulso interno que leva as pessoas para a ação. Estar motivado, ou seja, sentir-se bem para agir, sentir que vale a pena agir, é algo extremamente importante e individual, além de depender, basicamente, dos padrões de pensamento cultivados por cada pessoa.

O grande problema é que na maior parte do tempo em que estamos envolvidos em projetos, sejam individuais ou coletivos, não sentimos essa "vontade louca de agir", comum nas pessoas motivadas.

A motivação tende a se manifestar de forma momentânea estimulada pela necessidade que temos de obter prazer, algo gerado a partir da liberação do neurotransmissor dopamina, cuja atuação se dá por poucos minutos até ser eliminado naturalmente. Se não for provocada, a motivação irá se manifestar somente de maneira esporádica diante de estímulos prazerosos físicos ou mentais.

Daí a grande necessidade de agir além da motivação momentânea e passageira, com base no conceito de propósito de vida, que foca no altruísmo, porém por meio da base biológica do egoísmo, que norteia todas as pessoas e gera motivação maior que os próprios objetivos e metas que se possa estabelecer.

Em outras palavras, se você definir que quer comprar um carro ou uma casa, ou então definir que vai fazer um curso superior, se você não tiver um propósito pessoal maior do que a própria conquista, vai acabar desmotivando ou relaxando assim que conseguir esses objetivos. Esse é o princípio da homeostase, que busca gerar o equilíbrio do corpo retomando, assim, o estado anterior de estabilidade.

Dessa forma, se você tinha dificuldade em guardar dinheiro e isso o impedia de adquirir bens, mas se motivou a economizar para comprar algo, é provável que, assim que o objetivo seja atingido, você volte a ter os mesmos maus comportamentos financeiros de antes. Isso ocorre porque é mais fácil para o cérebro continuar fazendo o que sempre fez e o que já está internalizado como um comportamento automático, a fim de economizar energia.

O mesmo acontece se decidirmos empreender e montar o próprio negócio. Se a intenção desse negócio for somente ganhar dinheiro, assim que a empresa estiver estável, gerando lucro e um bom pró-labore, a atitude do empresário provavelmente será a de não tentar crescer, mantendo a estabilidade. Nesse caso, como o empresário já obteve o que queria, sua motivação não será suficiente para levar o negócio a patamares superiores.

Se a motivação for ganhar dinheiro, o medo de perder o que conquistou e a falta de vontade em investir para crescer oferecem riscos e, muitas vezes, as pessoas que têm tal motivação acabam preferindo garantir o que possuem a investir a fim de obter mais. Isso ocorre porque a motivação para evitar a dor é 2,5 vezes maior do que aquela para buscar o prazer.

Sem um motivador maior ligado ao reconhecimento ou pertencimento, como tornar a empresa nacionalmente conhecida, levar conforto e saúde para os clientes ou resolver todos os problemas do segmento X, o empresário não encontrará vontade suficiente para fazer seu empreendimento crescer, visto que já atingiu o patamar que almejava.

Ou seja, ele estará satisfeito, o que significa ficar em um estado de baixa ativação com valência positiva. É claro que isso não é uma regra absoluta, porém estudos comportamentais e experimentos neurocientíficos têm apresentado esses resultados como padrão da grande maioria.

Sempre que assisto a uma palestra motivacional fico analisando a intenção do palestrante em fazer a plateia se sentir melhor e capaz de realizar grandes feitos. É muito interessante analisar a forma como as histórias de vitória são contadas com o objetivo de emocionar e convencer cada pessoa de que ela também é capaz de grandes conquistas.

Cada detalhe, sentimento ou percepção narrada faz com que as pessoas vivenciem a experiência e o fato como se fossem seus. Elas acabam incorporando aquele momento de dificuldade e de superação, gerando uma grande crença de que são capazes de conseguir qualquer coisa que quiserem, assim como na história.

Alguns detalhes da narrativa fazem as pessoas se identificarem com os fatos relatados, emitindo a sensação de que a história contada era a dela. Isso ocorre devido a um conjunto de neurônios em nosso cérebro denominados neurônios-espelho e ao processo de identificação empática, que acaba promovendo sentimentos de familiaridade.

É evidente que as histórias têm poder, geram sentimentos de identificação e empatia em quem as escuta. É um excelente recurso para ensinar às pessoas o que precisa ser feito e como elas são capazes de vencer se agirem, efetivamente, em prol de seus objetivos.

As histórias são excelentes formas de dar bons exemplos para influenciar pensamentos e comportamentos e fazer com que as pessoas tenham atitudes positivas em tempos difíceis.

A ideia de que os indivíduos seguem os bons exemplos é bastante difundida e verdadeira. Para ter sucesso e impactar pessoas, é preciso entender que suas atitudes influenciam o próximo, e seu comportamento também recebe a influência dos outros.

Cabe, portanto, um grande cuidado para escolher como vamos nos relacionar nos diferentes ambientes, que chamamos de ideosferas. São esses os ambientes que influenciamos e dos quais recebemos influências, tanto inconsciente quanto conscientemente.

Assim como a comunicação escrita ou falada expressa ideias e padrões de comportamento, a comunicação não verbal (expressões corporais, faciais e gestuais, roupas e atitudes) também demonstra essas ideias.

Dessa forma, as pessoas podem contaminar-se, sem perceberem, positiva ou negativamente em sua ideosfera com as ideias e os valores que recebem de você. Tenha em mente que sua maneira de falar e de se vestir afeta atitudes das pessoas do seu ambiente, assim como o afetam.

O processo de influência por observação de um comportamento atua de modo inconsciente a partir do neurônio-espelho e da contaminação memética, que age como um processo de contaminação de ideias e padrões que podem ser absorvidos por qualquer pessoa. Falaremos sobre isso mais adiante.

Os neurônios-espelho são responsáveis pela capacidade humana de imitar e aprender através da observação. A descoberta desse sistema de células foi feita pelos pesquisadores italianos Gallese, Fadiga, Fogassi e Rizzolatti, em 1996, por meio de um estudo realizado com macacos rhesus.

Em humanos, as pesquisas com ressonância magnética indicaram que quando uma pessoa observa a outra realizando uma atividade, os cérebros acessam as mesmas áreas responsáveis por essas ações. Ou seja, observar, sonhar, lembrar ou imaginar uma atividade sendo feita aciona as mesmas áreas do nosso cérebro, além de disparar as mesmas emoções, sendo episódios reais ou não.

Isso demonstra claramente que o poder do exemplo é muito maior do que se costumava pensar, pois um comportamento acaba sendo imitado, seja ele bom ou ruim, simplesmente por meio da contaminação memética de modo visual.

Dessa forma, construir um MINDSET DE AÇO vai requerer que você seja capaz de alterar suas ideosferas de maneira que possa ter bons exemplos, ideias, pensamentos e atitudes para se contaminar. Caso contrário, nenhuma motivação será suficiente para romper o aprendizado inconsciente absorvido durante toda uma vida, fazendo com que ela seja passageira e pouco eficiente.

Andrew Meltzoff, psicólogo da Universidade de Washington, afirma que compreender o que é uma expressão de dor em uma pessoa nos lembra que não devemos tocar em um fogão quente e também que a empatia com as experiências alheias é fundamental para conseguir cooperação.

Portanto, é extremamente necessário ajustar nossas influências ao propósito de vida maior. E é algo que deve ser buscado por todos. A performance dos trabalhos que você venha a desenvolver em equipe, em prol do seu propósito ou de simples objetivos, dependerá de uma atitude mental positiva e um padrão de comportamento capaz de influenciar as pessoas à sua volta, conseguindo uma boa aderência dos "memes", que chamo de ideias e pensamentos no MINDSET de ambos.

Essa aderência fará com que o foco seja direcionado para a produtividade e para superação de obstáculos, e não para discussão de diferentes pontos de vista e gestão de conflitos devido a possíveis discordâncias.

Conforme minha análise, posso afirmar que quase todas as palestras motivacionais a que assisti, ao vivo ou por vídeos, foram muito boas e me acrescentaram algo de valor. Todas me fizeram sentir muito bem. Levaram-me a ter aquela sensação de segurança em saber o que precisa ser feito. Uma sensação de saber que você está no caminho certo ou que você fez uma grande descoberta de um caminho a seguir.

Aquela história de superação que me faz acreditar que se determinada pessoa venceu inúmeras dificuldades, eu também posso vencer. Aquela ansiedade para começar a agir e a expectativa da vitória futura são bastante animadoras, e nisso as palestras motivacionais são muito boas.

A grande questão é que geralmente as pessoas que estão assistindo a uma palestra motivacional ou lendo um livro com o mesmo objetivo não estão preparadas para nada daquilo que estão sendo incentivadas a fazer ou conquistar. É, simplesmente, o que chamo de "venda de sonhos vazios".

É provável que isso não seja intencional da parte dos palestrantes, até mesmo porque seu papel e sua responsabilidade se restringem ao tempo em que permanecem no palco conversando com a plateia.

Porém, o que descobri em minhas pesquisas é que no dia seguinte, ou até mesmo horas depois, as pessoas que pouco tempo antes estavam radiantes e extremamente motivadas com a sensação de que eram capazes de dominar o mundo se deparam com sua condição real.

Agora precisam voltar para a realidade de suas vidas e enfrentar suas lutas diárias e seus problemas cotidianos sem qualquer recurso ou ferramenta mais efetiva. Isso porque a sensação de vitória já passou, e elas voltam a estar sozinhas e com os mesmos cenários, angústias e temores anteriores.

Nesse momento, as palavras de incentivo ouvidas na palestra perdem sua força. As pessoas se deparam com uma grande vontade de *ter* e pouco de *ser* e acabam não conseguindo colocar em prática seus novos ensinamentos. Seus motivadores são fracos e visam somente a conquistas materiais, facilmente sobrepujadas pelo simples prazer da preguiça.

Afinal, as pessoas até querem se graduar em um curso superior, porém sempre que precisam assistir a uma aula ou reservar um tempo para estudar, a vontade de não fazer nada se mostra mais prazerosa do que aquele novo conhecimento ou a titulação futura.

É muito interessante analisar como as pessoas preferem o descanso e o lazer em vez da vitória e do sucesso. Vejo diariamente indivíduos tendo mais prazer com a preguiça do que com a conquista.

As pessoas querem falar inglês, mas quando pegam um livro para estudar ou precisam ir para aula, preferem não fazer nada ou arranjar alguma desculpa para não fazer o que deve ser feito, e parte disso é normal e biológico. Nosso cérebro não quer gastar energia, pois isso significa arriscar a sobrevivência com um consumo calórico injustificável.

Por isso, há a necessidade de se definir um propósito de vida como mecanismo para a liberação de energia justificável em prol de dopamina futura (prazer futuro).

Se perguntarmos para as pessoas o quanto realmente querem aprender a falar inglês, elas dirão com certeza que querem muito. Porém seus cérebros estão tão acostumados a sentir prazer em adiar, procrastinar, desistir ou não fazer uma tarefa, liberando o neurotransmissor do prazer chamado dopamina, que mesmo querendo muito falar inglês sentem-se mais propensas ao prazer imediato de não ir para aula do que a aprender a língua de forma gradual e alcançar uma satisfação futura bem maior.

Tudo isso acontece porque nosso cérebro é viciado em dopamina, o que é natural e faz parte da vida de todas as pessoas. Os seres humanos são preguiçosos, egoístas e hedonistas por natureza.

Ou seja, tudo que fazemos sempre tem como principal motivador a maximização do prazer e a minimização da dor. Buscamos realizar nossas tarefas com o menor esforço possível; se houver esforço, que seja para evitar um trabalho posterior. Esse é o caso das pessoas que aguardam ansiosamente a aposentadoria. Elas estão dispostas a trabalhar por um período para poder não trabalhar no futuro.

Isso ocorre porque o nosso cérebro consome diariamente 25% de todas as calorias que comemos. As calorias presentes nos alimentos são recursos indispensáveis para garantir a nossa sobrevivência e a do nosso cérebro, cuja decisão se baseia 85% nos processos inconscientes e apenas 15% nos processos conscientes, pois está sempre buscando automatizar o máximo de ações e atalhos para fazer as coisas de forma mais fácil. Sua meta sempre é economizar calorias, pois o foco é garantir que teremos energia suficiente no futuro para manter a sobrevivência.

O cérebro vai sempre procurar maximizar o prazer e minimizar o consumo de calorias, gerando diversos comportamentos em nossas vidas, muitas vezes contrários ao que queremos.

Por isso, a busca por um propósito maior faz com que aquele aumento do consumo de calorias para estudar e a dispensa da dopamina gerada por um cigarro sejam mais bem aceitos pelo cérebro e, principalmente, melhores fontes de motivação. O cérebro vai permitir essa troca de calorias e de dopamina por algo que ele entende como um grande investimento futuro em prol da garantia da sobrevivência, seu principal interesse.

Dessa forma, se nos propusermos a parar de fumar, nosso cérebro vai utilizar sua escala de prioridades, e a dopamina liberada com o consumo do cigarro vai parecer mais atraente do que a saúde ganha em parar de fumar. Como estudar consome muitas calorias, e consome muito **glicogênio** (o nome que se dá para a glicose estocada no organismo para futuras necessidades energéticas do nosso corpo e nosso cérebro).

O cérebro percebe esse consumo e dá a mensagem para interrompê-lo. Ele sempre vai colocar na balança se despender aquelas calorias valerá a pena em troca do prazer recebido. Por isso, muitas vezes as pessoas agem de forma egoísta. Na realidade, elas só estão seguindo seus impulsos primitivos ligados à sobrevivência. E estão deixando seu cérebro inconsciente comandar.

No entanto, as pessoas possuem, até certo ponto, controle sobre suas atitudes e seus pensamentos, mesmo que o cérebro emita sensações aos seus corpos de que não estão no controle, como quando estamos com fome ou somos agredidos e não conseguimos nos manter calmos.

Quando estabelecemos uma motivação realmente embasada e bem-construída, absorvemos princípios e motivos suficientes para submeter nossos corpos às vontades de nossa mente. Lutaremos para emagrecer, seguindo uma dieta que nos priva de diversos prazeres e que diminui o consumo de calorias para o nosso corpo, mas, mesmo assim, seremos capazes de nos manter firmes diante dos propósitos assumidos.

Você se encontrará sem vontade de seguir o plano, se sentirá cansado e desmotivado, seu cérebro dará instruções para desistir, gerando inclusive pensamentos e sensações inconscientes de que aquele esforço não vale a pena. No entanto, você será capaz de se manter firme e seguir em frente mesmo assim, sem um incentivo externo de uma palestra motivacional e da sua sensação provisória de vitória.

Acredito que a motivação gerada de forma externa tende a não funcionar; no máximo consegue despertar as pessoas provisoriamente para a expectativa de resolver os problemas que vivem e para a insatisfação em suas vidas.

Depois de uma palestra motivacional, os indivíduos saem radiantes, sentindo-se vencedores, com o cérebro inundado por dopamina advinda do prazer das novas perspectivas de vitória. E repletas de ocitocina, neuro-hormônio responsável pela sensação de pertencimento, engajamento, amizade e paixão. É a sensação de fazer parte de algo maior e se identificar com as histórias de fracasso e superação, contadas pelos palestrantes.

O grande problema é que, normalmente, as pessoas estão despreparadas para avançar em busca da mudança. Se estivessem preparadas, elas mesmas gerariam sua transformação sem interferência externa.

Porém, em uma situação como essa, elas são incentivadas a ter coragem e atitude, mesmo não prontas para aquelas mudanças e para os novos desafios propostos. É apenas encorajamento gerado de forma irresponsável.

Possivelmente, elas estavam infelizes em suas vidas ou, no mínimo, insatisfeitas. Porém, depois de uma palestra motivacional, recebem uma dose de dopamina através das histórias contadas e da possibilidade de mudar de vida e resolver seus problemas. Após a palestra, a tendência é se tornarem ainda mais infelizes, pois um novo mundo se descortinou, mas elas possuem poucas condições para mudar sua realidade.

Elas ficaram motivadas, entenderam que têm valor, que precisam desenvolver seus talentos e usar seu espaço no mundo para fazer a diferença, porém toda essa injeção de ânimo, aliada ao despreparo, acaba desenvolvendo pessoas muito corajosas, pouco sensatas e bastante frustradas.

A expectativa da vitória com base nas histórias e nos depoimentos de pessoas que pareciam contar a própria experiência geram um destemor incrível ao risco. Produzem, na maioria das vezes, pessoas inconsequentes, pois agora estão dispostas a arriscar muito mais do que antes, mas não têm as ferramentas necessárias para atingir o resultado nem um acompanhamento para guiá-las nos momentos de dificuldade dentro do processo de mudança.

Se antes as pessoas já não estavam bem, depois de terem seu ânimo ativado e estarem dispostas a romper as barreiras e fazer coisas para as quais não se prepararam adequadamente, tornam-se ainda mais frustradas e desmotivadas, pois provavelmente não obterão os resultados pretendidos.

Soma-se a isso tudo o trauma de ter confiado em uma instrução, uma ideia, uma história ou um depoimento que gerou frustrações em suas vidas.

Nesse momento, as pessoas passam a se sentir ainda mais derrotadas, também desconfiadas e até descrentes do processo de mudança. É o caso das que dizem: "Essa dieta não funciona, já tentei e não deu certo!". Claro, tentativa sem preparo gera derrota, descrença e desmotivação.

Agir somente despertando mentes não é uma boa estratégia para ajudar as pessoas a atingirem seus resultados e a melhorarem de vida. É extremamente importante que todo despertar seja acompanhado de ferramentas de autodesenvolvimento, de orientação profissional e, principalmente, de preciosos ensinamentos sobre resiliência e superação de derrotas como premissas básicas para o sucesso. Caso contrário, possivelmente estaremos gerando pessoas dispostas a arriscar e decididas a mudar, porém sérias candidatas à derrota.

CAPÍTULO 3

A CIÊNCIA POR TRÁS DA AUTOESTIMA

Como nosso cérebro funciona para nos sentirmos valorizados

"Vencer a preguiça é a primeira coisa que o homem deve procurar se quiser ser dono do seu destino."

THOMAS ATKINSON (1799-1861)

A autoestima é uma parte da psique humana cujo papel é indispensável para quem busca ter sucesso em qualquer coisa e que, fundamentalmente, busca ser feliz. Pessoas com baixa autoestima tendem a subvalorizar suas conquistas e qualidades, além de se sentirem diminuídas e desencorajadas até mesmo diante de pequenas dificuldades.

Segundo a psicologia, a autoestima é a visão subjetiva que cada pessoa tem sobre si mesma. O problema é que os indivíduos tendem a desconsiderar fatos, como conquistas e situações vivenciadas, quando constroem a visão de superestimação ou de subestimação de si mesmos em um processo de constante distorção da realidade.

É a autoestima que, muitas vezes, direciona o padrão de atitudes. Uma pessoa que possui autoestima alta, ou seja, consegue ter uma visão correta sobre si mesma e suas realizações, sem distorcer as qualidades e os defeitos, é capaz de lidar com problemas e conflitos com muito mais facilidade do que alguém com baixa autoestima.

Isso ocorre porque ela acredita em suas capacidades, suas habilidades e seus potenciais. Dessa forma, dá a importância devida para os fatos sem aumentá-los e não superestima nem subestima as dificuldades. Sabe valorizar suas conquistas e é capaz de analisar suas falhas sem se sentir diminuída por isso.

A pessoa com autoestima alta tende a agir de forma otimista diante das situações, pois se sente merecedora de suas vitórias e conquistas. Acredita que o reconhecimento que recebe é fruto de suas ações e seus comportamentos, por isso consegue festejar suas realizações sem qualquer problema.

A autoestima, seja alta ou baixa, influencia nossas decisões independentemente da nossa vontade. Ela guia o foco da nossa energia de ativação gerando movimento ou paralisia. O que sentimos e pensamos sobre nós mesmos define nosso padrão de comportamento e, na maioria das vezes, nosso resultado.

Se nos sentirmos vencedores, nossa visão sempre será mais otimista diante da realidade. Nós sempre construiremos uma percepção positiva dos fatos e acontecimentos e tentaremos encontrar o melhor em cada situação. Seja porque vivenciamos conquistas que nos fazem sentir dessa forma ou porque temos uma visão mais espiritualizada ou filosófica da vida, que nos permite pensar que todas as pessoas são merecedoras e vencedoras simplesmente porque existem como seres humanos. Assim, olharemos muito mais para a possibilidade de ganho do que para a de perda.

Por outro lado, se nos sentirmos derrotados, nossa visão será pessimista e até derrotista acerca de como encaramos os fatos em nossas vidas. Olharemos as situações cotidianas e quase sempre só enxergaremos as limitações, as dificuldades. Estaremos muito mais atentos para a possibilidade de perda do que para a de ganho, de forma muito mais intensa do que nossa própria biologia já nos direciona. Isso porque biologicamente fomos projetados para sobreviver, portanto evitar a perda é algo natural que nosso cérebro já nos direciona a fazer.

Seja qual for a forma como nos sentirmos, atitudes serão guiadas, inevitavelmente, por nossa autoestima. Se eu tiver autoestima baixa, ou seja, se eu acreditar que meu trabalho possui pouco valor, possui pouca importância ou é tão comum que qualquer pessoa poderia fazer, é muito provável que minha atuação seja percebida dessa maneira.

É muito possível que nossa atitude acompanhe esse posicionamento mental gerando pouco esforço e baixo padrão de qualidade, visto que já estamos convencidos de que, por mais que haja o esforço, ainda assim não haverá a recompensa, porque não nos achamos capazes de tal feito.

Uma pessoa com autoestima baixa tende a manifestar, mesmo que com pouca intensidade, esse pensamento de forma física, por meio de cabeça baixa, postura de derrota, baixo tom de voz e roupas mais discretas.

Essas pessoas tendem a fugir da exposição e de qualquer situação em que possam ser confrontadas, expostas, analisadas ou avaliadas. Para quem se sente dessa forma, é muito doloroso ouvir qualquer crítica sobre o seu trabalho, mesmo se for pequena e construtiva.

Essa condição faz a pessoa se sentir pouco capaz e até mesmo incompetente quando comparada a outras, mesmo que estude muito e tenha resultados que provem o contrário. Quando alguém mostra um ponto de melhoria para a pessoa com baixa autoestima, ela recebe isso como uma crítica e interpreta de maneira muito mais dolorida do que outra pessoa faria normalmente.

Sob a ótica da neurociência, podemos entender que uma pessoa com baixa autoestima possui um MINDSET composto de pensamentos depressivos, derrotistas e pessimistas. Grande parte desse sentimento é decorrente das experiências negativas relacionadas com os principais desafios da vida.

PRINCIPAIS DESAFIOS EMOCIONAIS DA VIDA

- Perda de um familiar
- Desilusão amorosa
- Rejeição paterna ou materna
- Traição conjugal
- Acidentes pessoais
- Acidentes com familiares
- *Bullying* na escola
- Abuso sexual
- Abuso moral
- Fracassos constantes ou marcantes

Cada episódio vivenciado gera no cérebro marcas químicas que atuam como placas de sinalização ditando o que é permitido e o que não é, desencadeando memórias conscientes e inconscientes. Além disso, esses episódios formam, definem e alteram princípios, valores, padrões culturais e, consequentemente, comportamentos humanos.

Para o nosso cérebro, cada vez que vivenciamos uma experiência ruim, nosso sistema de defesa libera o hormônio chamado cortisol.

Essa substância gera diversas reações, como aumento dos batimentos cardíacos e da pressão arterial, para que o sangue percorra rapidamente todo o corpo.

As pupilas se dilatam para que se possa ver melhor, e a taxa de glicose no sangue aumenta, devido à queda de insulina provocada pelo hormônio, a fim de que os músculos possam se contrair e expandir com maior intensidade, permitindo que consigamos nos livrar do perigo.

Tudo isso ocorre para garantir a sobrevivência diante de ameaças, sejam elas físicas ou mentais, reais ou não. Para que o cortisol seja liberado, basta que uma situação seja interpretada como um possível perigo.

Nosso cérebro não consegue armazenar todas as experiências vivenciadas, por isso possui alguns critérios para memorização. Um dos principais são as experiências boas, nas quais ele libera o neurotransmissor dopamina, responsável pelo prazer.

O cérebro tem o propósito de gerar lembrança para que seja possível repetir as experiências boas. Já as experiências ruins, o segundo critério cerebral, serão lembradas para que sejam evitadas. Assim, o cérebro age seletivamente criando as memórias e automatizando alguns comportamentos.

Para o cérebro não há diferença se uma ameaça é real ou não, ele apenas reage, inconscientemente, cada vez que sente sua integridade em risco. Se construirmos um MINDSET de Aço, ou seja, um modelo mental que possua padrões de pensamento positivos, otimistas, perseverantes e resilientes, com certeza seremos capazes de lidar de forma mais equilibrada e sensata com desafios e ameaças.

Ter um MINDSET de Aço é extremamente importante para estimular uma autoestima positiva, muito mais condizente com a realidade e o desenvolvimento natural dos talentos.

Construir uma autoestima elevadamente positiva sem os atributos necessários para isso é se tornar uma pessoa presunçosa, pretensiosa, altiva e arrogante, e esse comportamento pode ser considerado uma patologia.

A psicanalista Anna Freud (1983) cita um termo que explica o posicionamento de pessoas que tentam negar o que estão sentindo, manifestando uma reação contrária para esconder seus sentimentos: formação reativa.

A autora aprofunda esse tema tendo por base a teoria sobre os mecanismos de defesa do ego criada por seu pai, Sigmund Freud. Segundo ela, essa é a forma pela qual o ego retira da consciência o que considera indesejado, protegendo a psique.

Ele tenta se defender das consequências de um erro ou de uma crítica, manifestando um comportamento contrário, muitas vezes até exagerado. Dessa maneira, é necessário construir uma autoestima positiva, porém humilde, baseada na verdade e na compreensão de que nenhum resultado, por maior que seja, é capaz de tornar uma pessoa melhor do que a outra.

Quando consideramos as plateias de palestras motivacionais, acabamos percebendo uma grande quantidade de pessoas que têm sua autoestima elevada momentaneamente, muitas vezes assumindo compromissos e responsabilidades no calor da emoção.

Essas pessoas que agora passaram a estar animadas, com sua química corporal alterada, cheias de dopamina e ocitocina, mas pouco preparadas, por um momento se sentem vitoriosas e acreditam que as coisas irão mudar.

Elas se sentem tão extasiadas por esse estímulo provisório que acabam por enganar suas percepções, o que as faz agir como se já estivessem prontas para enfrentar os desafios vindouros.

Porém, nesse momento sua autoestima ainda não está trabalhada, elas ainda não conseguiram mudar a visão sobre si mesmas, analisando suas capacidades e limitações a fim de estabelecer uma conclusão. No entanto, elas se tornam perigosamente corajosas a partir de uma dose de ânimo irresponsável e passam a achar que conseguem atingir qualquer resultado, mesmo não estando prontas para tal.

A partir desse momento, a possibilidade de falha é enorme, podendo torná-las ainda mais resistentes à mudança do que antes e muito mais retraídas. A sensação de derrota se torna ainda maior, e o sentimento de humilhação reforça os episódios de perdas passadas. Para piorar, soma-se a visão de que o problema está nelas, e não na mensagem motivacional ou no método ensinado para se obter o sucesso.

A consequência disso são pessoas com uma autoestima ainda menor, muitas vezes desenvolvendo o que chamamos de baixa autoestima por destruição.

Essa é a manifestação de baixa autoestima que mais precisa de atenção e acompanhamento psicológico, pois a intensificação desse estado pode gerar, em última instância, o suicídio. Observe o quadro a seguir, em que são apresentados dois grupos de indicadores de baixa autoestima. O de **Autodestruição** merece atenção especial, visto que tal manifestação não pode ser considerada uma apresentação de boa saúde mental.

INDICADORES DE BAIXA AUTOESTIMA	
Autopreservação	*Autodestruição*
Dificuldade de lidar com críticas	Dificuldade de festejar conquistas
Supervalorização de conquistas	Necessidade de aprovação de forma limitante
Intolerância à frustração	Sentimento de inferioridade
Muito medo do fracasso	Nunca se acha preparado o suficiente
Crenças limitantes sobre suas capacidades	Critica suas próprias atitudes
Autoelogio	Supervalorização de falhas
Dificuldade de lidar com o sucesso do outro	Não reconhece as próprias conquistas
Dificuldade de reconhecer falhas	

Manifestar algumas dessas características de baixa autoestima nem sempre é um problema. Todas as pessoas acabam por acumular alguma situação mal resolvida e algum tipo de trauma, mesmo que de baixa intensidade.

Durante a vida, enfrentamos diversos desafios emocionais, conforme citado anteriormente, e essas vivências negativas acabam gerando limitações e inibições automáticas e biológicas, produzidas pelo nosso cérebro, a fim de evitar que tais danos ocorram novamente.

No quadro da página anterior, vemos os indicadores de baixa autoestima por preservação e autodestruição. Autopreservar-se é uma capacidade inata dos seres humanos, ligada ao processo de sobrevivência, assim como a mentira social.

Sempre que nos encontrarmos em situações em que dizer o que pensamos ou relatar na íntegra um acontecimento gere implicações sociais negativas, nosso sistema de defesa nos impelirá a disfarçar, dissimular, omitir ou mentir. Isso ocorre porque o oposto — ou seja, a verdade — pode gerar prejuízos, e a forma de mitigar ou eliminar esse risco é mentir. É negar a realidade afirmando o oposto.

Agir de modo a se autopreservar não é a melhor maneira de garantir a sobrevivência, pois negar a realidade não faz com que ela mude ou desapareça, porém é uma manifestação natural, biológica e muitas vezes inconsciente.

O caminho mais indicado é o enfrentamento da realidade e a geração de consciência, analisando o que deu errado e assumindo responsabilidade pelos próprios atos. É claro que isso é algo bastante trabalhoso para se conquistar, porém é possível e um ótimo objetivo.

O grande ponto de atenção é quando identificamos que os indicadores de baixa autoestima classificados como autodestruição estão muito presentes em nossa vida. Eles mostram que nosso MINDSET está contaminado com a interpretação negativa ou inadequada da realidade vivenciada, distorcendo a percepção dos fatos e a interpretação de si mesmo e dos episódios futuros.

Cabe então uma intensa reflexão acerca da nossa própria forma de encarar o mundo. Muitas vezes o mais indicado é a busca de um psicólogo para ajudar nesse processo.

É interessante avaliar e refletir sobre nossas vivências, capacidades e limitações. Assim como nossas conquistas e sonhos, vitórias e derrotas. Cabe também analisar como nos sentimos no passado e no presente quando se trata dos momentos mais difíceis da vida. Ou seja, cabe avaliar o resultado de tudo que se soma à nossa autoestima, para termos a certeza de que estamos alinhados com a realidade e prontos emocionalmente para enfrentar os desafios a que nos propusermos, mesmo tendo vivido intensos episódios de derrota e frustração.

Construir uma autoestima elevada, porém não superestimada, é algo fundamental para que se conduza qualquer processo de mudança, transformação ou conquista. Ela é tão importante quanto aprender uma técnica, desenvolver uma aptidão específica ou um aprendizado qualquer.

Essa autoestima elevada é responsável por criar e manter um MINDSET de Aço, como se fosse um "músculo moral" e emocional forte e confiante para que sejamos capazes de suportar os desafios em prol dos nossos objetivos.

É a autoestima que vai fazer você ser capaz de se manter firme diante de um propósito, mesmo que seja rejeitado por amigos ou familiares. É esse sentimento, juntamente de todos os outros atributos que compõem o MINDSET de Aço, que vai te manter firme, mesmo que mais ninguém acredite em você e que todas as circunstâncias à sua volta se mostrem desfavoráveis.

UMA GRANDE DESCOBERTA SOBRE A MOTIVAÇÃO HUMANA

Durante minha pesquisa de doutorado, conduzi um estudo com base na neurociência que desafiou o conceito da Teoria da Hierarquia das Necessidades, de 1943, do psicólogo americano Abraham Maslow.

Em sua teoria, popularmente conhecida como a Pirâmide de Maslow, ele elenca uma escala de prioridades motivacionais que guiam as pessoas em suas decisões. A escala está construída da seguinte forma: 1) necessidades fisiológicas, 2) necessidades de segurança, 3) necessidades sociais, 4) necessidades de estima e 5) necessidades de autorrealização.

Ainda hoje, essa teoria é amplamente aceita em todo o mundo e muito utilizada pelas áreas de administração, recursos humanos e até mesmo pela psicologia.

Fonte: Maslow's hierarchy of needs. Adaptação de J. Finkelstein.

É compreensível que essa teoria fizesse sentido no contexto do final da Segunda Guerra Mundial, quando foi criada. A luta contra a tentativa nazista de dominar o mundo era o assunto principal, que imperou por muitos anos naquele contexto. Portanto, ao considerar as necessidades da sociedade daquela época, em que as pessoas viviam grandes momentos de escassez de alimentos e recursos para manutenção da vida, é compreensível que a necessidade de sobrevivência se sobrepusesse às necessidades de autorrealização para a maioria das pessoas.

As necessidades da população naquelas circunstâncias eram muito básicas, tornando as necessidades individuais um tanto egoístas perante as necessidades da coletividade. No entanto, ao analisar a história mundial naquele contexto, considerando inclusive o cenário norte-americano em que a teoria de Maslow foi desenvolvida, é possível inferir que as necessidades de autorrealização continuavam lá como prioridade.

As necessidades de autorrealização apenas se manifestavam de outras formas, como em situações em que as pessoas tinham necessidade de receber elogios e incentivos pela ótima fabricação de uma arma que seria enviada para o front. Ou então na necessidade de reconhecimento que motivava um soldado a ir para o campo de batalha, não enxergando problema em arriscar sua vida, desde que pudesse voltar para casa com uma medalha conquistada em batalha por atos de heroísmo.

Portanto, talvez os "filtros de interesse" de Maslow, termo que utilizamos dentro da neurociência para descrever a manifestação de atenção e interesse cognitivo, estavam focados na escassez, por isso suas hierarquias foram concebidas dessa forma.

Durante muitos anos, foi possível observar no mercado diversas empresas tentando vender seus produtos e serviços baseando suas estratégias comerciais e de negócios em abordagens cartesianas e racionais. Elas acreditavam na ideia de que clientes com poucos recursos financeiros só comprariam produtos baratos e optariam por produtos de melhor qualidade quando melhorassem sua condição econômica. Essa visão seguiu os mesmos princípios da hierarquia de Maslow, considerando que uma hierarquia superior só seria atendida quando a anterior fosse satisfeita ao menos parcialmente.

Baseados nessa premissa, por muito tempo fabricantes de todo o mundo consideraram o preço o fator mais importante para a tomada de decisão, focando mais abordagens racionais, utilizando características técnicas e mensuráveis como parâmetro de comparação para a escolha de produtos por parte dos consumidores.

Considerando a área de recursos humanos, o efeito da teoria de Maslow manteve gestores focando sua liderança na premissa de que pagar salários e benefícios eram motivadores suficientes para deixar colaboradores satisfeitos em qualquer empresa. No entanto, na sociedade atual, é comum observar que funcionários tendem a se mostrar insatisfeitos e desmotivados quando não são valorizados e reconhecidos por seus gestores, afetando inclusive a sua produtividade, sem que houvesse ligação direta entre a remuneração recebida.

A ideia de questionar a famosa Pirâmide de Maslow foi justamente pela necessidade de aprofundar os estudos com relação à motivação humana, considerando o contexto econômico, tecnológico e social da sociedade atual. Com isso, busca-se gerar uma nova base de conhecimento para que as pessoas possam melhorar suas percepções da realidade, se autoconhecendo, aprendendo sobre como suas mentes funcionam para decidir ou priorizar suas escolhas, tornando esse conhecimento de grande utilidade para a sociedade.

Mesmo com quase oitenta anos de hegemonia, até o momento esse estudo não recebeu qualquer questionamento que pudesse fazê-lo perder sua posição de destaque. Atualmente, existem mais de três mil artigos científicos abordando a Teoria da Hierarquia das Necessidades de Maslow, informação que pode ser obtida pelo site http://www.sciencedirect.com pesquisando o termo "maslow hierarchy of needs". O mais interessante é que cerca de mil artigos foram escritos desde 2010, mesmo assim não desbancaram essa teoria.

Uma possível razão para essa grande quantidade de estudos buscando aprofundar, questionar, referenciar ou acrescentar conteúdos ao conceito original talvez seja o caráter empírico da teoria formulada por Maslow, cuja validade está embasada somente em observação. O próprio cientista justificou que não seria possível aplicar testes para provar tais fenômenos (WAHBA; BRIDWELL, 1976).

A obra que Maslow deixou continua servindo de linha orientadora, mesmo para todos aqueles que a criticam. Porém ela não serve como base para responder indagações existentes na atualidade sobre quais são as necessidades humanas, considerando os aspectos da tecnologia e da sociedade moderna.

Dessa forma, foi necessário analisar os conceitos de motivação de forma mais científica, buscando entender o que realmente faz diferença quando o assunto é respeitar o funcionamento da biologia humana.

Afinal, os seres humanos têm se tornado cada vez mais complexos em seus relacionamentos e diante das rotinas da vida moderna, e os estudos da neurociência comportamental têm modificado diversas percepções e, muitas vezes, reprovado conceitos comportamentais baseados em ciências sociais que se consideravam como regras e padrões absolutos.

Desse modo, a tecnologia, as novas descobertas acerca do funcionamento do cérebro e dos padrões de decisão inconscientes vêm desmistificando diversos conceitos e, ao mesmo tempo, validando muitos outros no intuito de acabar com o empirismo e com práticas baseadas em modismos que não possuem validade científica.

Talvez algumas pessoas possam considerar a teoria totalmente válida da maneira como foi formulada, no entanto o mais importante não é questionar a veracidade da teoria, mas sim propor uma nova, que tenha por base conceitos ligados ao funcionamento do cérebro, ao processo de decisão inconsciente e à atuação dos neurotransmissores e hormônios no processo de geração de emoção e tomada de decisão.

Com os recursos tecnológicos de hoje, somados aos resultados de diversas pesquisas e descobertas científicas, tornou-se possível fornecer uma base altamente sólida para a busca e o desenvolvimento de uma teoria com muito mais propriedade do que a observação pode gerar.

Analisando diversos dados e conceitos sobre o funcionamento do cérebro, como o conceito de que as decisões humanas acontecem 85% de forma inconsciente e automática e que um dos grandes motivadores humanos é a busca pelo prazer, começamos a ver as pessoas de forma diferente.

Diante dessas afirmações, se considerarmos a Pirâmide de Maslow para responder a algumas perguntas cotidianas do mundo atual, acabamos ficando sem respostas.

Questões como: por que um bombeiro dos Estados Unidos, país que possui um dos maiores índices mundiais de óbitos de bombeiros no trabalho, arrisca e até sacrifica a sua sobrevivência, para poder ser visto como um herói para seu povo e seu país?

Por que uma modelo sacrifica sua saúde, se alimentando pouco e colocando sua sobrevivência em risco, só para ser considerada bonita e aplaudida em um desfile? Por que muitos empresários arriscam tudo o que têm, colocando sua sobrevivência e a de sua família em risco, somente para ter sucesso, assim como Ray Kroc, do McDonald's, e Walt Disney?

Essas e outras perguntas não podem ser respondidas através da Teoria de Maslow, no entanto a necessidade de se obter tais respostas foi o combustível para o desenvolvimento desta pesquisa.

Dessa forma, minha pesquisa aponta que todas as pessoas necessitam de reconhecimento, sobrevivência, reprodução e pertencimento, nessa ordem de prioridade. Os seres humanos necessitam ser aprovados e prestigiados.

Todos almejam, mesmo que só um pouquinho, receber aplausos, prêmios e distinções pessoais. Faz parte do ser humano, e negar isso é inútil. Freud já dizia uma frase que corrobora essa descoberta: “Podemos nos defender de um ataque, mas somos indefesos a um elogio”.

Tanto o reconhecimento quanto o pertencimento estão diretamente ligados à obtenção de recursos fisiológicos, de segurança, de forma muito mais efetiva do que a própria busca por alimento e abrigo.

Ser famoso, reconhecido e admirado outorga autoridade e, consequentemente, diferencial competitivo para obter todos os recursos de que necessitamos, muito mais fácil e em maior quantidade do que outras pessoas que não têm reconhecimento nem pertencem a grupos.

Quem pertence a grupos e é reconhecido obtém maior favorecimento, conquista mais poder e maior influência social e, consequentemente, garante a sua sobrevivência com bem menos esforço do que buscando sobreviver como aponta a Pirâmide de Maslow.

Segundo a visão biológica, o poder e a influência social, obtidos por meio do reconhecimento e do pertencimento, garantem que nossos genes serão perpetuados devido à maior condição de escolha dos parceiros com o melhor DNA. Isso também ocorre devido a uma melhor condição financeira, capaz de permitir a manutenção e o sustento de nossa prole e de nossa descendência, tanto para o homem quanto para a mulher.

A possibilidade de vitória e de reconhecimento tem se mostrado um grande elemento construtor da autoestima, da motivação e da formação da mentalidade, pois torna uma pessoa capaz de suportar a descrença, a crítica e a falta de confiança dos outros enquanto ela busca seu caminho para o sucesso.

Nesse ponto, é importante relacionar ao ego o papel da construção da autoestima e entender sua influência no processo de motivação e seu papel dentro das diferentes necessidades humanas.

Faz-se necessário, portanto, aprofundar os estudos relacionados ao processo de como as pessoas se motivam para tomar suas decisões e ao papel da fisiologia humana e da autoestima nessa construção.

A autoestima está diretamente ligada ao desejo de sentir-se importante, algo inerente à natureza humana. A necessidade de autoestima é o que faz com que as pessoas, por exemplo, comprem artigos de luxo, roupas de moda, automóveis caros, casas bonitas e grandes, com espaços e quartos que não irão usar para o resto de suas vidas, assim como joias caras.

O ato de comprar as faz se sentirem importantes. É essa necessidade de se sentir bem, de se sentir importante, que faz com que palestras motivacionais sigam atraindo participantes e impulsionando o desejo de consumo, mesmo quando não há necessidade de comprar nada.

Sentir-se importante é a única motivação por trás das gangues de rua e de outras formas de violência em que os jovens e adultos se envolvem hoje em dia. Enquanto, por um lado, essa necessidade mantém vivo o desejo eterno do ser humano de autoafirmação e superioridade, por outro, é a força motivadora fundamental por trás das disputas ideológicas em redes sociais, de conflitos políticos e outras formas de competição (PEASE; PEASE, 2016).

As redes sociais têm se tornado palco para disputas ideológicas, discussões sobre política e outras formas de competição que algumas pessoas utilizam para tentar provar sua superioridade sobre os outros.

A falta de reconhecimento, de valorização e de sentir-se importante para a pessoa que ama, por exemplo, é um dos principais motivos que levam mulheres a se separar, mesmo em relações de muitos anos. Percebe-se assim que se sentir importante é o que normalmente motiva as pessoas e as ajuda a definir seus objetivos.

Diante do exposto, é possível concluir que, em geral, as pessoas almejam, mesmo que pouco, receber aplausos, prêmios e distinção pessoal, uma vez que isso faz parte do ser humano e da manutenção da saúde do ego.

Dessa forma, surge uma nova abordagem que pesquisei durante três anos em meu doutorado nos EUA, cujos dados apontam que o ser humano precisa fazer a manutenção do ego para sobreviver tanto quanto precisa de água e comida.

É evidente que sem água e comida o ser humano não sobrevive, e tais recursos são indispensáveis para manter a saúde física. No entanto, o ego é o responsável pela manutenção da saúde mental, que também é indispensável para garantir a sobrevivência, principalmente diante da complexidade da sociedade atual.

Isso significa que, sem saúde mental, capacidade de escolha e capacidade produtiva, é impossível buscar recursos como água e comida, para procriar ou garantir a segurança, fugindo de predadores ou ambientes hostis.

Ao comer, a necessidade fisiológica some, porém após um elogio o ego não se satisfaz, ficando permanentemente disposto a receber cada vez mais de sua própria comida: o reconhecimento e a valorização.

Seja pela necessidade de buscar uma conexão espiritual com o Criador ou pela necessidade de encontrar e viver seu propósito, o ser humano sempre tenta preencher um vazio existencial. Dessa forma, o ego do ser humano carrega em sua essência uma eterna insatisfação e um constante desejo de criar e produzir.

Isso como forma de dar sentido à sua existência e dar vazão ao seu senso de identidade individual e à própria sobrevivência, buscando, portanto, manter-se vivo mesmo depois de sua morte, por meio de suas criações e de seu legado.

Maslow foi brilhante em suas descobertas e em sua proposição inicial, que abriu caminho para diversos estudos sobre a motivação humana. Sua abordagem, colocando as necessidades fisiológicas em primeiro lugar, de modo a garantir a saúde física e consequentemente a vida, era prioritária.

No entanto, esse estudo mostrou que a necessidade de sobrevivência vai além do corpo físico. A necessidade de sobrevivência do ego é maior do que a necessidade do corpo, por isso as motivações que elevam o valor do indivíduo, tornando-o reconhecido, valorizado e importante, mostram-se mais prioritárias.

O ser humano quer se manter vivo por muito mais tempo do que um corpo físico pode suportar, e quem realiza essa busca é o ego, o aparelho psíquico responsável pela individualidade.

Portanto, apresento a Pirâmide da Hierarquia das Necessidades Universais de Tiago Tabajara, ou simplesmente:

Pirâmide de Huntt

Pirâmide da Hierarquia Universal das Necessidades de Tiago Tabajara

Portanto, ao se pesquisar qual é a hierarquia de necessidades mais adequada para a sociedade atual, se descobriu que o processo de motivação dos seres humanos coloca em primeiro lugar a necessidade de reconhecimento, em segundo a de sobrevivência, em terceiro a de reprodução e em quarto a de pertencimento. Esse resultado aponta para necessidades diferentes do que a Teoria da Hierarquia das Necessidades de Maslow, modificando a ordem de prioridades e apresentando uma nova hierarquia.

Vale salientar que foram diversos os desafios enfrentados para identificar os fatores motivacionais dos seres humanos, com relação a suas prioridades no mundo atual. Apesar do artigo original de Maslow, que motivou todo este estudo, estar disponível na internet há muitos anos, percebe-se que muitos estudiosos desconhecem o seu teor.

Ao analisar os detalhes e as considerações de Maslow sobre suas descobertas, fica evidente que seu estudo inicial nunca se propôs a ser uma teoria definitiva sobre o tema. Tanto por sua forma de coleta de dados, baseada na observação, quanto por meio de suas considerações ponderadas acerca de seu artigo, ele afirma que seu estudo deve servir de estrutura para futuras pesquisas e deve ficar de pé ou cair.

A questão abordada neste estudo não teve como motivação desprestigiar o trabalho que Maslow realizou tão brilhantemente, mas, sim, proporcionar, nos tempos atuais, os mesmos benefícios que ele causou para a sociedade em sua época.

Tornar as pessoas capazes de compreender sua hierarquia de decisão, tendo uma base científica para saber de que forma destinar sua energia, foi uma grande conquista de Maslow para a psicologia e para a administração. No entanto, décadas de desenvolvimento social e tecnológico se passaram, e a complexidade das relações humanas e das relações de trabalho tornaram a teoria de Maslow questionável em muitas situações.

Dessa forma, o desafio foi propor um desenho experimental que pudesse simular situações reais e, ao mesmo tempo, permitisse medir as decisões das pessoas, eliminando o máximo possível de interferências dos participantes com erros de interpretação ou por medo de implicações sociais com suas respostas.

A coleta de dados se tornou um desafio que demorou mais de três anos para ser superado, por isso houve um enorme cuidado na elaboração do desenho experimental, que foi construído com o intuito de mitigar a influência de vieses, reduzindo a possibilidade de gerar dados inconclusivos devido a alguma falha no desenho.

Como não havia um modelo para ser utilizado de forma integral ou parcial na pesquisa original de Maslow, pois ele mesmo afirmava que tal estudo não poderia ser medido por não haver instrumento capaz desse feito, coube a esta pesquisa desenvolver um modelo novo que pudesse investigar de forma adequada as duas hipóteses deste estudo.

Desse modo, surgiu a ideia de utilizar dilemas como mecanismo de entendimento sobre motivações e intenções, a exemplo de grandes estudos publicados, como o estudo do Dilema do Bonde. A partir desse ponto, criou-se um modelo que pudesse eliminar vieses, sendo considerado para isso os estudos sobre vieses e processos decisórios proposto por Kahneman. Foi necessário desenvolver um modelo que utilizasse uma abordagem que considerasse e medisse a influência das emoções, visto que é sabido que elas dominam o processo de decisão dos seres humanos.

Esse modelo precisava ser capaz de sobrepor a racionalidade, entregando uma resposta mais visceral e mais realista, usando por base os estudos sobre emoções e sobre transmissão cultural. Um modelo que considerasse o fato de que as pessoas têm medo de responder o que pensam para evitar algum tipo de consequência ilusória ou implicação social, cabendo para isso usar os estudos sobre os mecanismos de defesa do ego.

O intuito foi focar um método que apontasse respostas baseadas no julgamento alheio em cada dilema apresentado, em vez de considerar as respostas individuais de cada participante sobre suas reais motivações em cada dilema.

É importante salientar que diversos autores, de diferentes áreas do conhecimento e com diferentes abordagens, apresentaram ideias que direcionavam a atenção para elementos diferentes do que Maslow propôs como motivador dos seres humanos. No entanto, se a presente pesquisa fosse apenas se basear na literatura existente para responder às hipóteses deste estudo, possivelmente o resultado já seria satisfatório.

Isso porque diversas publicações apontam para os fundamentos da valorização humana e da motivação com base no reconhecimento, da mesma forma que as descobertas feitas durante esta pesquisa de campo.

O rigor científico e o respeito que essa temática merece, principalmente por se tratar do grande psicólogo Abraham Maslow, requerem evidenciar tais descobertas por meio de uma abordagem mais profunda e de um levantamento muito bem pensado.

As pessoas aumentaram sua capacidade de julgamento, e o aumento do conhecimento sobre o mundo e sobre o ser humano fez a sociedade olhar para determinadas questões que antes eram ignoradas. O avanço da psicologia, do entendimento sobre traumas, autoestima, saúde mental e distúrbios psíquicos tornou as pessoas mais inteligentes e menos simplistas com a complexidade da psique humana.

Seja pela necessidade de buscar uma conexão espiritual com o criador ou pela necessidade de encontrar e viver o propósito de vida, o ser humano está sempre tentando preencher um vazio existencial.

O ego do ser humano carrega em sua essência uma eterna insatisfação e um constante desejo de criar e produzir como forma de dar sentido a sua existência e dar vazão ao seu senso de identidade individual e à própria sobrevivência, buscando manter-se vivo mesmo depois de sua morte, por meio de suas criações e de seu legado.

CAPÍTULO 4

O PODER DA MEMÉTICA

Como funciona o processo de contágio das boas e más ideias na formação do MINDSET

"A mente que se abre a uma nova ideia jamais voltará ao seu tamanho original."

ALBERT EINSTEIN (14/03/1879 – 18/04/1955)

A memética não é um termo comum para a maioria das pessoas. No máximo, é possível ter uma ideia do que o termo trata quando se fala de "meme". Esse sim remete imediatamente àquelas figuras e imagens engraçadas da internet que representam ideias, sensações e sentimentos. O que de certa forma possui a mesma origem.

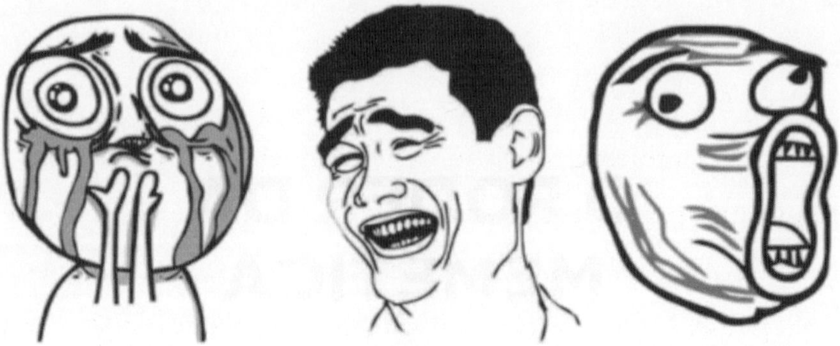

O termo "meme" surgiu em 1976, quando Richard Dawkins publicou o seu livro chamado *O gene egoísta*. Nele, Dawkins define: "A unidade básica de transmissão e imitação cultural". Ele aponta que sua capacidade de replicação está associada à necessidade do corpo humano de se perpetuar transmitindo seus genes através de seus descendentes e dos seus memes, propagando ideias e deixando seu legado.

Dawkins diz que um meme pode ser várias coisas, como: melodias, músicas, ideias, *slogans*, frases de efeito, jargões, ditados populares, modas do vestuário, boas práticas, regras de etiqueta, conceitos, métodos, teorias, técnicas, entre outras manifestações. Ele ainda explica que até um padrão arquitetônico, como uma ponte em arcos ou com cordas de aço, são manifestações meméticas, ou seja, ideias com potencial de contaminação, podendo ser copiadas e difundidas.

Assim como os genes se propagam na reprodução, pulando de um corpo para outro corpo através dos espermatozoides e dos óvulos, os memes propagam-se pulando de cérebro para cérebro por meio de um processo que pode ser chamado, no sentido mais amplo, de imitação cultural.

Se um professor ouvir ou ler uma ideia que julgue boa, a transmitirá para colegas e alunos. Ele a mencionará em artigos e conferências e contará para amigos e familiares. Esse fenômeno de replicação de uma ideia possui origem genética, porém sua manifestação é cultural.

Por exemplo: um meme associado à moda feminina, como saias curtas, poderá ser facilmente replicado por mentes cujo MINDSET estiver influenciado por um padrão cultural em que essa prática é aceita. Se a ideia "pegar", pode-se dizer que ela propaga a si própria, espalhando-se de cérebro em cérebro, disse Dawkins, em 2001.

Susan Blackmore, outra pesquisadora famosa e grande autoridade no assunto, cujo trabalho teve como base os estudos de Dawkins, define meme como: "Histórias, músicas, hábitos, habilidades, invenções e maneiras de fazer as coisas copiadas de pessoa para pessoa por imitação. A natureza humana pode ser explicada pela teoria da evolução, mas apenas quando consideramos a evolução de memes, assim como dos genes".

Porém, um meme não será replicado em um ambiente cultural, que chamamos de ideosfera, quando o conjunto de memes dessa ideosfera, que chamamos de complexo memético, contiver um imunomeme, que seria como uma vacina. Se houver um imunomeme, um meme contrário e enraizado que rejeita aquele meme, ele não se replicará.

O meme de usar saias curtas não conseguirá se instalar e se replicar, caso haja, por exemplo, algum meme religioso que remeta à desaprovação divina ou alguma infração que possa ser denominada pecado associada ao uso das saias.

A religião, independentemente de qual seja, é composta por conjuntos de memes, expressos em um documento ou livro, como a Bíblia ou o Alcorão, em que suas regras de conduta, seus valores e princípios são ensinados. Esses memes possuem uma força tão grande que, mesmo com o passar do tempo, permanecem sendo replicados com exatidão, e seu conteúdo não se perde.

Um meme pode ser construído de forma tão poderosa que poderá alterar a percepção e o comportamento das pessoas, pois acabam sendo absorvidos como padrões e práticas de forma tão real e intensa que sua manifestação se converte em mudança do MINDSET. Isso não significa que tais manifestações meméticas sejam mentiras ou frutos de manipulação, mas também não significa que não sejam. O conhecimento da memética e da neurociência possibilita que a percepção das pessoas seja manipulada ou, no mínimo, distorcida. Porém, pode também gerar convencimento para questões importantes que beneficiam a sociedade.

Essa compreensão do que é memética, juntamente com o entendimento dos processos fisiológicos do ser humano, possibilita que seu uso se converta em persuasão, seja ela positiva ou negativa.

Devido à capacidade humana de adaptação ao ambiente e suas ameaças e ao aprendizado empírico que acaba deixando marcas nos sistemas cerebrais inconscientes, o ser humano vem usando esses conceitos de persuasão para manipular seus semelhantes, levando vantagens sobre eles, mesmo sem saber exatamente como isso funciona.

O ser humano faz isso há séculos, de forma natural e empírica. Grande parte desse processo de levar vantagem não acontece de maneira intencionalmente enganosa, ele acontece antes na genética.

Como todos os seres humanos possuem suas decisões ligadas à sobrevivência, o impulso inicial de levar vantagem sobre outros tem a motivação inconsciente de garantir a própria sobrevivência a qualquer preço. Se esse impulso natural não estiver alicerçado em alguns memes sobre igualdade, altruísmo, respeito ao próximo e senso ético, nada vai impedir que a pessoa aja somente em benefício próprio.

Precisamos entender que o ser humano possui uma natureza animal e egoísta. Em nossa biologia somos programados para garantir nossa sobrevivência a qualquer custo, mesmo que tenhamos que matar, manipular ou mentir. Obviamente, sabemos que isso não é o certo a fazer porque somos dotados de uma capacidade racional apta para fazer uma análise de fatos e situações, suplantando esses desejos inconscientes e instintivos, ao menos de forma parcial.

Se não tivermos os memes culturais, religiosos, morais e éticos que nos indiquem que tipo de comportamento devemos ter, quando nos encontrarmos ameaçados agiremos da forma mais instintiva e egoísta possível para garantir nossa sobrevivência.

Quando ameaçados, nossos processos de defesa são disparados em nosso corpo por meio de um alerta emitido pela amígdala cerebral, situada em uma região denominada sistema límbico, fazendo com que as glândulas suprarrenais despejem altas doses do hormônio cortisol em nossa corrente sanguínea, para que nosso corpo possa reagir àquela ameaça.

O cortisol ativa respostas do corpo em situações de emergência para ajudar a lidar com os problemas encontrados. Como já explicado anteriormente, os batimentos cardíacos e a pressão arterial aumentam para bombear mais sangue por todo o corpo. As pupilas dos nossos olhos se dilatam, facilitando a entrada de mais luz para enxergarmos melhor, seja para lutar ou para fugir, e nosso pâncreas produz menos insulina, fazendo com que a taxa de glicose do sangue se eleve e que nossos músculos sejam capazes de se contrair e expandir mais rapidamente, de forma intensa, para eliminar a ameaça.

Acontece que muitas vezes a ameaça não se manifesta fisicamente. Podemos nos deparar com memes que nos causem a mesma sensação de sermos agredidos e que se confrontam com nossos imunomemes, gerando uma manifestação de contrariedade inconsciente àquela ideia.

Por exemplo, em minha vida posso ter sido influenciado por um meme em forma de ditado popular que provavelmente foi transmitido por meu pai. Como para mim ele representa segurança e autoridade, seus memes são vistos pelo meu cérebro inconsciente como confiáveis, vindos de uma fonte conhecida e familiar.

Esse meme em questão pode ser o seguinte: "Em time que está ganhando não se mexe"; com isso, meu comportamento com relação à mudança e inovação passa a ser alterado, fazendo com que eu rejeite ou tenha uma predisposição a rejeitar qualquer informação ou ideia que o contrarie. Normalmente, essas contaminações ocorrem de forma muito simples e despretensiosa, pois o hospedeiro desse vírus da mente, ou seja, o meme, não percebe a contaminação.

Ao mesmo tempo, a contaminação ocorre de maneira tão intensa que, geralmente, até mesmo argumentações racionais e embasadas por fatos, provando que a mudança é para melhor, podem não ser aceitas, devido ao meme enraizado inconscientemente de que não é bom mudar.

Essa sensação ancorada em memórias emocionais será mais forte do que as argumentações lógicas e racionais que forem apresentadas. Isso quer dizer que os memes utilizados para gerar novas ideias, criar novos hábitos, lançar moda e características culturais sempre existiram.

O que mudou é que depois da compreensão da genética, da memética e de suas definições, ficou mais fácil entender e sistematizar o processo de transmissão e contaminação memética.

Dawkins, um defensor da teoria da evolução, propõe que, da mesma forma que um gene possui o propósito natural e biológico de replicação, o meme é a sua manifestação, garantindo que cultura, ideias e comportamentos do hospedeiro daquele gene possam ser replicados, infectando outras pessoas para que haja um diferencial competitivo no futuro.

Dessa maneira, o ser humano poderia garantir a perpetuação de suas ideias e de seus descendentes. Fazendo uma analogia com a tecnologia da informação, o gene seria o *hardware* e o meme, o *software*.

Segundo Jonah Berger, um pesquisador muito importante no campo da memética, quando os memes estão associados aos botões de importância primária (luta, fuga, alimentação, proteção e acasalamento), ou seja, ligados aos impulsos inconscientes do cérebro humano, eles são mais facilmente replicados, pois são vistos como mais interessantes pelo cérebro.

Essa facilidade de transmissão refere-se aos instintos de reconhecimento, pertencimento, sobrevivência e reprodução que atuam como guias para todas as decisões do ser humano, a fim de garantir a replicação do DNA, dos memes e a perpetuação da espécie.

Existem ainda os memes de importância original, que, segundo Berger, são: crise (propagação do medo a fim de se livrar do perigo), missão (capacidade de trabalhar em conjunto para atingir objetivos em comum), problema (identificar situações que precisam ser resolvidas para garantir boas condições de sobrevivência), perigo (conhecimento de como evitar perigos em potencial para aumentar as chances de sobrevivência) e oportunidade (capacidade de agir rapidamente para não deixar escapar alguma vantagem que melhore a sobrevivência).

São os memes os responsáveis por construir um MINDSET de Aço e uma visão de mundo para cada pessoa, em cada época e em cada geração. Segundo a Teoria Geracional de Strauss-Howe, uma geração é um conjunto de pessoas nascidas em períodos que variam entre dezessete e vinte anos.

Essa teoria é um modelo explicativo das diferenças entre gerações e da forma como elas interagem umas com as outras e com as épocas históricas em que viveram, à medida que são influenciadas pelo contexto social e econômico e por marcos temporais.

Segundo Strauss e Howe, cada pessoa faz parte de uma geração conforme seu ano de nascimento, ou seja, faz parte de uma classificação que considera fatos históricos, econômicos, políticos e tecnológicos dentro de períodos.

Cada acontecimento positivo ou negativo dentro de uma geração causa impacto, novas ideias e conceitos, novos conhecimentos e, consequentemente, novos memes que se multiplicam de forma a exercer influência comportamental em todas as pessoas nascidas em cada geração e, muitas vezes, seguem impactando gerações futuras.

Ou seja, as pessoas em determinada faixa etária tendem a compartilhar um conjunto distinto de crenças, atitudes, valores e comportamentos, conforme crescem e se desenvolvem durante um período específico na história. Obviamente, estamos falando de uma contaminação memética geral que tende a alterar o comportamento das pessoas em cada geração, podendo haver variações conforme as vivências individuais.

Para mudar esse cenário, cabe então o uso de memes capazes de modificar os imunomemes hospedados. Quando identificado um imunomeme sobre um assunto específico que seja o alvo da contaminação, será necessário criar um ambiente imunodepressor bastante impactante a fim de modificar tal infecção. Caso contrário, é bem provável que nenhum novo meme seja absorvido.

Um exemplo disso é querer convencer um gestor de que "inovação é fundamental para enfrentar os desafios futuros", ou seja, esse é o novo meme. No entanto, o gestor já possui um meme instalado de que "inovação é caro e é só para grandes empresas".

Para modificar um meme como esse, provavelmente motivado por experiências negativas vivenciadas, será necessário um ambiente ou uma situação imunodepressora como a queda nas vendas, a possibilidade de uma demissão ou a perda do maior cliente. Situações chocantes tendem a confrontar e quebrar os padrões de pensamento que fogem da racionalidade e que estão embasados por emoção ou instintos primitivos. Outro caminho possível é a repetição desse meme em diferentes contextos para que seja viável gerar consciência e aprendizado sobre o assunto de forma a abrir espaço para um novo padrão de pensamento.

O complexo memético existente em cada ideosfera exerce papel fundamental na construção de um MINDSET de Aço que esteja adequado aos padrões e objetivos pretendidos. São as ideosferas as principais responsáveis pela construção de padrões mentais como resiliência, foco e determinação, enquanto os processos de mudança interna e de superação das próprias limitações ocorrem.

Normalmente, as pessoas possuem diversas ideosferas, como amigos, colegas de trabalho e família. São vários ambientes onde cada um de nós recebe, diariamente, uma grande quantidade de contaminação memética. Todos esses ambientes exercem influência altamente impactante sobre cada um de nós.

Algumas influências estão ligadas à vontade de se sentir parte da família, daí a necessidade de agir conforme os padrões culturais e de valores dos pais e irmãos, visando à aprovação. O grande problema é que as pessoas acabam desistindo de seus sonhos e objetivos, pois se sentem obrigadas a replicar os comportamentos e padrões de pensamento de cada ideosfera a fim de serem aceitas e aprovadas.

As pessoas sabem que se fizerem o que quiserem serão desaprovadas por seus familiares, o que acabará eliminando a sensação de reconhecimento e pertencimento e, provavelmente, gerará rompimento dos relacionamentos.

Isso ocorre em todas as ideosferas em que convivemos, obrigando-nos a ser mais seletivos quanto ao nível de envolvimento que podemos manter com nossos amigos e familiares, colegas de trabalho e vizinhos.

Quando isso não acontece, a contaminação memética gerada pelos grupos dos quais fazemos parte será mais forte do que os memes que conseguimos reter em nossa mente. Nessa guerra de influência, vence quem gerar maior contaminação.

Dessa forma, para criar e manter um MINDSET de Aço, precisaremos selecionar com muito cuidado a fonte dos memes com os quais alimentaremos nossas mentes; caso contrário, seremos derrotados antes mesmo de entrarmos na batalha.

Vale lembrar que nossos padrões de pensamento norteiam nossas atitudes, por isso, quanto melhores forem os memes, melhores serão as atitudes e, consequentemente, os resultados.

No exemplo a seguir é possível visualizar a composição das diversas ideosferas com seus complexos meméticos comuns à vida de qualquer indivíduo. Algumas pessoas podem até participar de um número maior de ideosferas do que aparecem na figura.

Fonte: elaboração do autor.

Cada ambiente abriga pessoas com interesses em comum, porém são seres humanos com diferentes padrões de pensamento, ou seja, diferentes visões de mundo.

Cada um desses ambientes tem a capacidade de contaminar qualquer pessoa com memes, positivos e negativos, inovadores e conservadores.

Conforme o nível de participação em cada uma dessas ideosferas, o “hospedeiro”, ou seja, a pessoa que recebe a contaminação memética, a poderá receber em maior ou menor quantidade. Mesmo que uma contaminação não seja do seu interesse, ela se contaminará. Existem diversos ditados populares que expressam um pouco desse conceito de infecção através do ambiente, e acredito serem bastante adequados para essa importância.

Por exemplo: "Águia que anda com galinhas, um dia aprende a ciscar". Esse meme expressa a ideia de que é necessário escolher com quem conviver, visto que haverá a influência comportamental inevitavelmente para aqueles que estiverem inseridos naquela ideosfera.

Outro ditado diz o seguinte: "As más companhias corrompem os bons costumes". Novamente um ditado popular aparece definindo padrões de atitude e comportamentos, influenciando as pessoas de forma sutil e despretensiosa.

Esse ditado transmite a mensagem de que se nos relacionarmos com pessoas que não nos agregam e possuem padrões diferentes dos nossos, seremos influenciados a ponto de mudar nosso comportamento e nossas atitudes, abandonando nossos padrões, para seguir os delas. A ideia de manter contato somente com pessoas que possuam memes condizentes com nossos valores, princípios, objetivos, projetos e sonhos é algo extremamente importante para se obter o sucesso almejado.

Quem quiser construir um MINDSET de Aço, resiliente e focado em resultados, terá que tomar um grande cuidado na escolha de quais complexos meméticos serão mantidos, quais serão alterados, quais serão criados e quais serão eliminados da vida.

Manter os padrões de atitude voltados para se atingir resultados é algo muito difícil. Porém, se estivermos inseridos em ideosferas com pessoas que possuam memes divergentes, será ainda mais difícil gerar bons resultados.

Quando o processo de criação do MINDSET de Aço exige uma descontaminação memética, devido à presença de imunomemes resistentes, podemos usar os ambientes e as situações imunodepressores já citados.

Os elementos mais comuns são: viagem, desorientação, exaustão física e emocional, restrição alimentar, insegurança, choque emocional, perda do lar ou de entes queridos, choque futuro, choque cultural, estresse de isolamento, situações sociais com que não estamos familiarizados, certas drogas, solidão, alienação, paranoia, exposições repetidas a determinados estímulos, respeito pela autoridade, escapismo e hipnose (PERUZZO, 2014).

Um exemplo desses ambientes imunodepressores são aqueles encontros empresariais de imersão em hotéis-fazenda. Os funcionários são expostos a diversas palestras, atividades recreativas e jogos empresariais, nos quais as habilidades individuais e coletivas são colocadas à prova e os conhecimentos são questionados.

Nesses eventos é bastante comum também haver agendas apertadas entre uma atividade e outra, gerando cansaço físico e mental, além da extensão do horário das atividades que antecedem o horário das refeições.

Essa tática de atrasar o almoço ou o jantar durante um evento longo como esse faz com que a fome mine a resistência das pessoas, provocando uma diminuição da capacidade analítica e do poder de questionamento, o que as torna mais suscetíveis à influência.

Trata-se de criar um ambiente extremo que coloque o hospedeiro em situações de restrição e privação, fazendo com que suas resistências físicas e mentais possam ser fragilizadas e os imunomemes inconscientes possam ser atacados, de forma a abrigar um novo meme.

Independentemente das características do MINDSET, é possível compreender que uma pessoa que possua um imunomeme sobre algum assunto como inovação e mudança manterá uma postura de resistência e até contrariedade a ideias a favor desses assuntos.

Isso vai ocorrer mesmo quando a pessoa for exposta a argumentações racionais e treinamentos para mudar essa postura. Um imunomeme exerce um papel de proteção a um meme, garantindo que não seja modificado diante de influências externas.

Alguém que se proponha a buscar melhorias em sua vida e em seu trabalho e a realizar seus projetos e sonhos precisará construir um MINDSET de Aço com os memes e imunomemes mais adequados aos seus propósitos, de forma a ser capaz de suportar essa influência externa, mantendo-se resiliente e persistente em busca do seu propósito de vida.

Dentro da memética existem ainda outros termos, como metamemes, comemes, exotóxico e isca, conforme Glenn Grant (1990). Os metamemes, igualmente contagiosos, são considerados memes sobre outros memes e muitas vezes podem ser utilizados para encobrir aqueles com chance de colidir com o imunomeme já instalado.

Todas as ideias, que de alguma forma são provenientes de outras ideias, são consideradas metamemes. Um meme inicialmente considerado original desencadeará uma série de percepções e de novos memes na tentativa de se replicar, gerando os metamemes.

Após conhecer um pouco sobre memética com este livro e aprender que um meme é uma unidade de imitação e transmissão cultural, por ser um conceito novo para você, ele pode ser considerado um meme original. Porém, a partir deste momento, ele fará inferências e se relacionará com outros conhecimentos e memes que você já tenha, gerando dessa forma novos metamemes, ou seja, memes sobre outros memes.

Já os comemes são aqueles que exercem um papel cooperativo, pois, mesmo sendo diferentes, tratam de assuntos similares. São também memes que surgem a partir de outros memes. Um exemplo de comeme é falar em automóveis Volvo, que é uma marca e, consequentemente, um meme, e lembrar do comeme da Volvo que significa segurança. Em uma empresa, os comemes podem ser utilizados para criar harmonia entre diferentes visões, buscando comemes que possam se relacionar com um meme e seu imunomeme.

Vejamos um exemplo dessa interação: uma pessoa que seja torcedora do time de futebol Grêmio possuirá um imunomeme para o time de futebol Internacional, visto que são rivais. Dessa forma, é possível buscar os comemes futebol ou esporte para criar a proximidade. Com isso, fica possível falar sobre o assunto usando comemes aceitos pelas duas pessoas sem esbarrar no imunomeme Internacional, da outra pessoa.

Já os memes exotóxicos são aqueles que promovem a destruição de outras pessoas, pois são ideias socialmente nocivas com o propósito de destruir os portadores de memes rivais. Exemplos desses memes são o nazismo, o Estado Islâmico, a inquisição na Idade Média. Todos com o objetivo de eliminar aqueles com memes contrários aos seus.

Acontece que os memes exotóxicos não nascem dessa forma, eles são criados como qualquer meme, isto é, com o propósito de contaminar outras pessoas, muitas vezes a partir dos botões de importância primária, que são mais efetivos.

Inicialmente, a ideia nazista primava pela união do povo alemão, a criação de empregos e a recuperação dos territórios perdidos durante a Primeira Guerra Mundial. Até então, tais ideias não eram muito diferentes do que qualquer país no mundo buscaria para seu povo, principalmente porque era um momento em que a Alemanha amargava uma grave crise econômica e havia uma grande insatisfação com a presença de muitos estrangeiros.

Com isso, estabeleceram-se memes sobre a visão de supremacia do povo ariano, memes de que os alemães eram superiores aos outros povos e, por isso, podiam dominar outros indivíduos. Esses memes diziam que outras raças eram inferiores e que a sobrevivência dos alemães puros era o que importava.

A grande maioria dos alemães realmente acreditava que os judeus deveriam ser exterminados e que o mundo deveria ser dominado pela supremacia ariana. Os memes ligados à sobrevivência e à necessidade de eliminação dos inimigos que queriam subjugar os alemães se tornaram exotóxicos e altamente manipuladores.

Muitas religiões e seitas criam, propositalmente, memes exotóxicos a fim de destruir todos os que se opuserem a eles. É uma estratégia de eliminar a contaminação memética externa e de preservar a sobrevivência dos imunomemes internos naquela ideosfera.

No filme *A Onda*, lançado em 1981 e relançado em 2008, a trama se desenrola durante uma aula de História sobre o nazismo na Alemanha. Depois de aprender sobre o assunto, um estudante insiste em repetir que isso jamais aconteceria novamente no mundo.

Então, sem os alunos saberem, o professor resolve fazer um experimento e cria todas as condições necessárias para o nascimento de um grupo, chamado de "A Onda".

O grupo possuía vários atributos que remontavam às práticas nazistas. Mesmo assim, os estudantes não perceberam a semelhança e aderiram aos propósitos coletivos sem hesitar. O filme teve sua trama baseada em uma experiência realizada em uma escola da Califórnia (EUA) em 1969.

Os memes ligados aos sentimentos de reconhecimento e pertencimento são amplamente difundidos no filme, de forma que aqueles que cumprem as regras recebem elogios, destaque e poder, ou seja, os alunos que fazem o que o professor ordena, que se empenham e cumprem os propósitos do grupo melhor do que os demais são nomeados monitores de turma.

O reconhecimento devido ao cumprimento das instruções acaba por fazer com que os alunos monitores se sintam superiores, levando-os também a ver prazer naquelas atividades; ou seja, esse prazer libera em seus cérebros grandes quantidades de dopamina, o neurotransmissor responsável por esse sentimento. Essa substância, extremamente agradável e viciante, gera inconscientemente novas repetições do comportamento recompensado.

Além do reconhecimento, os que recebem destaque como monitores são designados a fiscalizar os demais colegas, apontando os que descumprem propósitos e regras do grupo. Tal responsabilidade faz com que cada pessoa se sinta especial e tenha orgulho de sua conquista, o que acaba gerando a sensação de pertencimento.

Dessa vez, a sensação proporcionada nos monitores é a de segurança e bem-estar, ou seja, em seus cérebros são liberadas grandes quantidades de ocitocina, responsável pela sensação de engajamento, paixão e amizade.

Já aqueles considerados infratores são advertidos e até mesmo punidos. Tanto no cérebro do monitor que defende as ideias do grupo quanto no cérebro do aluno considerado infrator, há a liberação do hormônio cortisol, devido ao estresse a que foram submetidos diante do confronto de suas ideias, ou seja, de seus memes.

Com isso, os mecanismos de luta ou fuga são disparados, fazendo com que haja uma rejeição mútua, de forma que cada um consiga preservar seus memes.

Colegas que eram amigos e até casais de namorados, que eram colegas, são influenciados pelas propostas do grupo "A Onda", deixando de lado seus relacionamentos por causa da contaminação memética e pela satisfação, devido ao reconhecimento e ao pertencimento proporcionados pelo grupo.

Fica evidente como funcionou o processo de manipulação na Alemanha durante a Segunda Guerra Mundial. Mesmo sem existir o conceito de memética, é possível entender como se desenrolou a manipulação.

Nos esportes é comum vermos rivalidade exacerbada entre torcidas pela criação de memes exotóxicos. Outro fator importante dentro da memética são as iscas, comemes utilizados como recompensa para incentivar os hospedeiros a replicar o meme original.

Em uma empresa que queira incentivar o consumo racional de energia elétrica e água, podem-se criar memes sobre sustentabilidade utilizando os botões de importância primária ou original, apresentando e associando a uma recompensa "isca"; por exemplo, reverter o valor economizado no ano em uma festa para as famílias, ou 50% do valor em um prêmio em dinheiro para cada funcionário. Dessa forma, as pessoas terão suas ideias contaminadas e seu comportamento alterado em virtude de uma recompensa futura.

Pode-se dizer que o conceito de condicionamento operante, do psicólogo Frederic Skinner, que envolve recompensa e punição (reforços positivo e negativo e punição) está intimamente ligado às iscas do complexo memético, visto que Skinner considera que a recompensa é qualquer evento que aumenta a frequência de uma reação precedente.

O indivíduo impactado com determinado meme aprende qual comportamento será necessário para alcançar determinado objetivo, e sua tendência será repetir tal comportamento a fim de receber a recompensa de forma permanente.

Na construção de um MINDSET de Aço é importante que se compreenda o funcionamento dos complexos meméticos, pois tanto a construção quanto a manutenção desse comportamento dependem de uma constante absorção de memes aderentes aos seus objetivos e de uma constante seleção das ideosferas que farão parte da sua vida na tentativa de bloquear possíveis imunomemes, até conseguir não ser mais afetado pelo complexo memético das outras pessoas.

CAPÍTULO 5

A FORMAÇÃO DO MINDSET

A estrutura completa da formação da mentalidade individual

"O homem é tão grande quanto a medida de seu pensamento."

NAPOLEON HILL (26/10/1883 – 08/11/1970)

O MINDSET pode ser definido de forma muito mais detalhada e mais condizente com a realidade a partir de uma abordagem neurocientífica.

A psicóloga americana Carol Dweck, da Universidade de Stanford, lançou em 2006 o livro *Mindset: a nova psicologia do sucesso*, publicado no Brasil em 2017.

Nesse livro, a autora traz sua visão sobre o conceito de MINDSET e apresenta o Gráfico de Nigel Holmes, exemplificando o que chamou de "Os Dois Mindsets". No entanto, sua abordagem simplista chama atenção pela incongruência com a realidade, pois um MINDSET é muito mais complexo do que as opções de MINDSET crescente e MINDSET fixo que ela mostra.

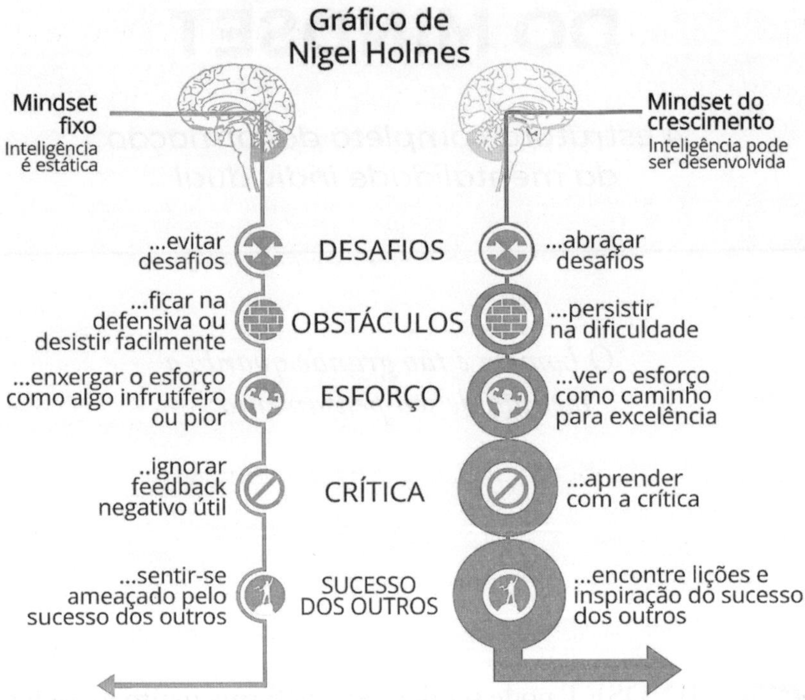

O MINDSET é algo maior do que duas simples definições, pois as pessoas são mais complexas do que dois conjuntos de características. Os indivíduos tendem a oscilar o tempo todo entre um padrão e o outro.

Por exemplo: uma pessoa pode ter um MINDSET crescente e, no entanto, ignorar *feedbacks* negativos, visto que está focada no que almeja e possui resiliência para seguir em frente, mesmo diante de desaprovações. Outro exemplo é quando alguém evita desafios devido a um perfil psicológico mais analítico e conservador, mesmo se encaixando no MINDSET crescente.

O modelo de Carol Dweck pode ser bastante ilustrativo e lúdico para ensinar que as pessoas devem nutrir as características do MINDSET crescente, porém, pouco efetivo na construção de um MINDSET de Aço, capaz de levar os seres humanos a obterem todo o sucesso que desejarem.

Isso porque os memes do MINDSET crescente são características comportamentais conscientes, cuja absorção não se dá somente de forma racional. Podemos ver pessoas lendo e relendo cada uma dessas características, mas sem conseguir aplicá-las nas diferentes situações de suas vidas.

Elas podem dizer, efetivamente, que estão comprometidas em abraçar os desafios, porém, quando eles aparecem, manifestam a incapacidade de enfrentar o desconhecido. Também podem aparecer lembranças de derrotas ou o medo de desapontar pessoas com um possível fracasso, fazendo, em ambos os casos, o indivíduo recuar da sua atitude de arrojo diante da mudança.

Foi então, depois de muito estudo e pesquisa, que desenvolvi um conceito com base na neurociência, para apresentar como funciona a construção do MINDSET de forma a beneficiar as pessoas, ajudando-as a entender como colocar em prática em suas vidas.

Como se Forma o Mindset

Autor: Tiago Cavalcanti Tabajara, 2019

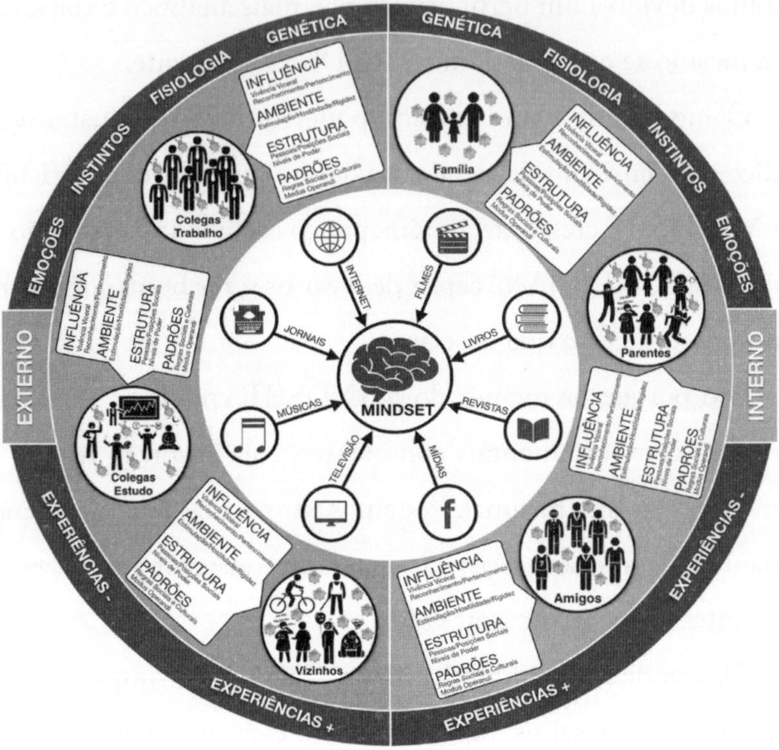

Fonte: elaboração do autor.

Possuímos ambientes de influências interno e externo. Tanto um quanto o outro são compostos das experiências positivas e negativas vivenciadas, juntamente das influências genéticas, dos instintos primitivos e fisiológicas que oscilam em paralelo com as emoções, a partir dos fatos vivenciados.

Há também as influências diretas, sobre as quais cada um possui gerência e controle, pois pode decidir que tipo de conteúdo em cada tipo de mídia ou meio de comunicação será consumido. Dessa forma, saber escolher conteúdos que coloquem os memes certos para cada pessoa, de acordo com seus objetivos, é fundamental para que se consiga obter o sucesso e as capacidades de resiliência e equilíbrio emocional inerentes a cada objetivo estabelecido.

Todos esses vieses influenciam a construção do MINDSET e não podem ser ignorados — na verdade, alguns nem podem ser alterados, apenas monitorados, como a genética, os instintos primitivos e a fisiologia, com a liberação dos hormônios e neurotransmissores.

Porém, podemos aprender a gerenciar as emoções de forma consciente e a lidar com as experiências negativas e positivas construtivamente.

Ao analisarmos o ambiente interno, vemos que ele reúne as ideosferas família, parentes e amigos. Já o ambiente externo é composto das ideosferas colegas de trabalho, colegas de estudo e vizinhos, podendo haver outras ideosferas conforme a estrutura social de cada pessoa.

No ambiente interno estão as maiores influências de uma pessoa, pois é onde as memórias-base são formadas e os padrões culturais, os valores e as crenças são estabelecidos. As pessoas tendem a receber todas essas informações como verdades absolutas e a pautar suas decisões na forma como essas vivências são recebidas.

Já no ambiente externo estão as ideosferas de confrontos entre os valores familiares e as várias realidades encontradas pelo mundo. A socialização e a capacidade de permear diferentes ambientes culturais e sociais são habilidades importantes a serem desenvolvidas, mas têm sua origem nos aprendizados obtidos no ambiente interno.

Nesses dois ambientes, teremos ideosferas, sendo que cada uma pode exercer maior ou menor impacto na formação do MINDSET, conforme cada um dos quatro aspectos são formados: influência, ambiente, estrutura e padrões. Veja a explicação a seguir:

INFLUÊNCIA

Vivência visceral: os episódios intensos vivenciados em conjunto com outras pessoas, no enfrentamento de situações difíceis ou durante momentos muito especiais. Essas vivências geram ligações emocionais intensas entre os indivíduos, fazendo com que memes vindos deles sejam interpretados como legítimos e verdadeiros.

Reconhecimento: pessoas que geram reconhecimento, ou seja, admiração e aprovação dentro de uma ideosfera, tendem a ser mais ouvidas e a ter suas ideias e opiniões mais aceitas. Por isso, acabam tendo maior capacidade de influência e impacto mais efetivo. Da mesma forma, a violação do reconhecimento, ou seja, o desprezo, também gera efeitos que podem manipular a opinião das pessoas para que concordem com algo a fim de não serem desvalorizadas.

Pertencimento: fazer parte de uma ideosfera, além de gerar senso de pertencimento e potencializar a capacidade de lidar com problemas no futuro, pelo apoio dos membros daquele grupo, pode gerar uma influência fisiológica a partir da liberação da ocitocina na corrente sanguínea, tornando maior o impacto dos memes recebidos naquela ideosfera. Ou seja, para se manter em um grupo, as pessoas tendem a aceitar ideias lá contidas para não serem excluídas.

AMBIENTE

Estimulação: a estimulação, da expressão de ideias próprias ou de ideias inovadoras, propicia aos membros de uma ideosfera que se sintam à vontade para dizer o que pensam sem receio de errar ou sofrer alguma implicação social negativa, tornando o impacto dos memes daquele ambiente altamente contagiosos.

Hostilidade: a hostilidade de uma ideosfera pode ser decisiva para obtenção da colaboração ou procrastinação. O nível de hostilidade tende a influenciar o comportamento das pessoas, colocando-as em "modo de segurança", no qual a tendência é acompanhar as atitudes do bando para evitar implicações sociais. Quando uma ideosfera mantém uma competitividade nociva a ponto de deixar seus membros paralisados ou acionados para lutar ou fugir em seus sistemas de defesa, isso impacta diretamente o modo como cada pessoa recebe os memes daquele grupo de pessoas.

Rigidez: as regras existentes em uma ideosfera podem exercer um impacto negativo sobre os membros daquele grupo, mas também podem criar um ambiente de disciplina e aprendizado.

Em ambientes mais rígidos, as pessoas tendem a buscar o cumprimento das regras e a replicar esses memes para outros ambientes como uma forma de se manterem pertencentes.

Ao mesmo tempo, regras em demasia podem gerar o efeito contrário, fazendo com que até sejam cumpridas por receio de alguma implicação social negativa, porém o membro pode fechar seu MINDSET para a influência memética daquele ambiente por reprovar essa forma de agir.

ESTRUTURA

Pessoas: cada ideosfera é composta por pessoas com individualidades, personalidades, perfis psicológicos, visões de mundo e MINDSETS distintos que podem impactar, mais ou menos, outros membros daquele grupo.

Posições sociais: dentro de cada ideosfera, existirão pessoas com diferentes posições sociais e relevâncias, sendo mais impactantes os memes vindos das que possuem as maiores posições sociais, visto que, como diferencial competitivo, indivíduos com maiores posições sociais podem beneficiar mais os membros do que aqueles com posições sociais inferiores.

Níveis de poder: a estrutura de cada ideosfera é composta por pessoas que possuem diferentes posições sociais e níveis de poder. Quanto maiores forem o poder e a autoridade de uma pessoa dentro de um grupo, maior será o seu impacto na hora de influenciar um membro.

Isso tende a ocorrer porque o poder de um membro tem o potencial de dizer quem fica e quem sai daquela ideosfera e de influenciar alguns integrantes a seguirem seus memes, fazendo com que outros membros sigam essas ideias como um comportamento de bando, a fim de garantir a sobrevivência.

PADRÕES

Regras sociais: em cada ideosfera também existem regras sociais estabelecidas ditando como as coisas devem ser feitas e as situações enfrentadas. As regras de convivência, bem como a formalidade ou informalidade das relações sociais, influenciam a proximidade entre as pessoas. Além disso, as definições dos valores das coisas e do que deve ser priorizado também impactam os aprendizados e as contaminações. Vemos esses padrões na cultura italiana presente nos imigrantes em nosso país, para quem o trabalho é considerado algo extremamente importante, assim como a família, e deve ser priorizado em detrimento de qualquer outra questão.

Regras culturais: a cultura de cada ideosfera também impacta e influencia a maneira como um meme é transmitido e qual deles será transmitido, pois violações culturais podem gerar a exclusão de um membro do grupo. Além da simples presença nesse complexo memético, torna seus membros grandes apoiadores e replicadores daqueles memes relacionados à cultura do que é certo e do que é errado.

***Modus operandi*:** os padrões estabelecidos para criar o *modus operandi* de cada ideosfera, ou seja, a forma como as coisas são feitas dentro daquele grupo de pessoas, podem definir como o indivíduo resolverá seus problemas nas diferentes situações vivenciadas.

Toda ideosfera possui padrões de conduta, normalmente criados pela pessoa de maior posição ou poder, de forma a replicar os seus memes individuais e para que os membros do grupo mantenham esses comportamentos vivos e sendo replicados nas ideosferas de cada um.

CAPÍTULO 6

NEUROLIDERANÇA E MEMÉTICA

A importância da aderência memética na construção de equipes de alta performance

"Grandes líderes mudam de estilo para levantar a autoestima de suas equipes. Se as pessoas acreditam nelas mesmas, é impressionante o que elas conseguem realizar."

SAM WALTON (19/03/1918 – 05/04/1992)

É comum pais e mães dizerem para seus filhos, enquanto crianças, frases como: "Não fale com estranhos"; ou "Antes de atravessar a rua, olhe para os dois lados"; ou ainda "Saco vazio não para em pé". Todos esses ditados populares afetaram positivamente as crianças de muitas gerações.

É provável que com essas recomendações muitas crianças tenham evitado serem assaltadas, sequestradas e aliciadas para drogas, entre outros males, simplesmente por terem internalizado e seguido esses memes difundidos por seus pais.

Muitas crianças devem ter evitado acidentes ao olharem para os dois lados da rua antes de atravessar e tiveram seu desenvolvimento garantido por se alimentarem corretamente, mesmo quando a vontade de sair para brincar na rua era maior do que a fome.

Assim como esses ditados populares, jargões e frases de efeito exercem um poder transformador sobre a cultura de cada região, Estado e país, de maneira tão eficiente que um país inteiro pode ser moldado conforme a visão de apenas uma pessoa e seus memes.

Do mesmo modo que as empresas adquirem os memes de seu presidente e seus diretores, os países também adquirem os memes de seus governantes, que, por sua vez, criam normas, leis, regras, processos e ideologias que acabam influenciando seus liderados. Dessa forma, a replicação memética resulta na construção da cultura, da linguagem e da religião predominante de um país.

Em uma empresa, os memes do presidente ou fundador são expressos através da missão, da visão e dos valores. Em uma estrutura governamental, os memes estão representados pela Constituição e por leis criadas e modificadas pelos governantes, cujos memes tendem a alterar a cultura visando ao progresso ou até mesmo a seus próprios interesses.

Portanto, é possível afirmar que o líder, independentemente de sua esfera de atuação, pode influenciar seus liderados a ponto de conseguir a cooperação e uma intensa dedicação conforme os memes que utilizar.

Porém, é importante salientar que esse processo de infecção por memes necessita que o hospedeiro possua certo alinhamento memético com seu líder. Caso contrário, é possível que o liderado já tenha imunomemes, ou seja, memes contrários aos utilizados pelo líder; dessa forma, a contaminação memética será bastante difícil.

Quando uma organização mantém gestores e colaboradores partilhando dos mesmos memes da empresa (missão, visão e valores), todos trabalham de forma coordenada e cooperativa, pois atuam da mesma maneira e com os mesmos propósitos. Quando os líderes e colaboradores possuem divergência memética, seja entre eles ou entre os memes da empresa, haverá problemas de produtividade e alto *turnover* devido a conflitos relacionados à alergia aos memes.

Uma empresa que atue com princípios hedonistas, premiando os melhores vendedores com visitas a prostíbulos ou bebidas alcoólicas, e com práticas punitivas ligadas à ridicularização daqueles que ficarem abaixo das metas certamente terá problemas de produtividade e conflitos caso contrate um profissional de convicções cristãs.

O colaborador cristão possui imunomemes contra esse tipo de premiação e *feedbacks* depreciativos. Ele possui memes ligados à preservação da família e da saúde, ao respeito próprio e ao próximo. Esses memes o impedirão de focar nesse trabalho, gerando um grande nível de conflito e estresse, então é provável que ele peça demissão ou seja demitido depois de algum tempo.

Já um líder que utilize princípios de neurociência em sua atuação buscará compreender cada membro da sua equipe de modo individual e se valer do interesse genuíno por cada um, como forma de adquirir confiança da equipe e maximizar os resultados.

Seus memes de valorização e desenvolvimento do ser humano e dos talentos individuais, como meio de aumentar a performance, contaminam e influenciam todos a sua volta, dando senso de propósito e verdadeiro prazer e empenho pelo trabalho.

Conseguir trabalhar em equipe com pessoas de diferentes convicções e MINDSETS é algo indispensável para quem quer atuar com base na neuroliderança. Entender diferenças comportamentais e características individuais dos membros da equipe é extremamente importante para que não haja injustiça em julgamentos e avaliações.

Porém, a atuação desse líder, denominado neurolíder, não se restringe aos padrões culturais e sociais e aos memes instalados em cada MINDSET. O neurolíder precisa conhecer e administrar os diferentes cronotipos, ou seja, os diferentes níveis de energia, que variam em cada pessoa conforme os horários do dia.

Os cronotipos são uma medida que descreve a preferência de uma pessoa por diferentes horários do dia, ou seja, a que horas ela prefere acordar, dormir, realizar atividades físicas e mentais. Essa preferência é influenciada por fatores genéticos, mas também pode ser afetada por hábitos de sono e estilo de vida.

Existem três tipos principais de cronotipos:

Matutino: pessoas que preferem acordar cedo e dormir cedo, geralmente se sentindo mais alertas e produtivas nas primeiras horas do dia.

Vespertino: pessoas que preferem acordar tarde e dormir tarde, geralmente se sentindo mais alertas e produtivas no período da tarde e à noite.

Intermediário: pessoas que têm uma preferência mais neutra em relação ao horário de acordar e dormir.

Os cronotipos podem ter um grande impacto na qualidade do sono e no desempenho cognitivo e físico. Pessoas que têm um cronotipo que não está alinhado com suas rotinas diárias podem sentir mais dificuldade em adormecer à noite e acordar pela manhã, o que costuma levar à sonolência durante o dia e a um desempenho reduzido nas tarefas.

Conhecer seu cronotipo e adaptar sua rotina diária pode ajudar a melhorar a qualidade do sono e o desempenho diurno. Por exemplo, as pessoas matutinas podem beneficiar-se em realizar atividades mais complexas ou importantes pela manhã, enquanto as vespertinas podem ter melhor desempenho em atividades físicas e mentais no período da tarde e à noite.

Cabe ao neurolíder conseguir não só contratar bem sua equipe, mas também maximizar os resultados individuais, considerando o melhor horário de funcionamento de cada um. Vale lembrar que o neurolíder considera em sua gestão a geração de cada membro da equipe (você verá no Capítulo 7), assim como os perfis psicológicos (aprofundados no Capítulo 9).

Por último, ele considera o conceito da Pirâmide de Huntt, visto anteriormente, para motivar e recompensar sua equipe, além de todas as variações emocionais e fisiológicas existentes nos seres humanos e, até o momento, desprezadas pela administração tradicional.

CAPÍTULO 7

MINDSET E GERAÇÕES

Conheça cada geração e seus padrões de MINDSET e atitudes

"Quando perdemos o direito de ser diferentes, perdemos o privilégio de ser livres."

CHARLES EVAN HUGHES (11/04/1862 – 27/08/1948)

No final de 1980, William Strauss e Neil Howe firmaram uma parceria para entender a história americana tendo por base diversas conexões e familiaridades encontradas entre pessoas com a mesma idade.

Em um de seus primeiros livros, *Generations: The History of America's Future, 1584 to 2069*, foi criado o conceito que ajudou a popularizar a ideia de que as pessoas de determinada faixa etária em determinada época histórica tendem a compartilhar um conjunto distinto de crenças, atitudes, valores e comportamentos

Eles se perguntaram por que os nascidos após a Segunda Guerra Mundial tinham desenvolvido determinados comportamentos e diferentes maneiras de olhar o mundo. Os autores começaram a perceber que essas ações tinham vínculos com as experiências vivenciadas pelas pessoas pertencentes àquela geração, as quais as levavam a ter distintas perspectivas de mundo.

Eles também se perguntaram se algumas gerações anteriores tinham agido em moldes semelhantes, e consideraram a possibilidade de que haveria histórias análogas às gerações atuais.

Ao final do estudo, Strauss e Howe conseguiram identificar um padrão recorrente na história anglo-americana, considerando quatro tipos de gerações, cada uma com uma personalidade coletiva distinta e um ciclo correspondente de quatro tipos diferentes de época, cada um com um perfil.

A base para essa teoria foi colocada no livro *Gerações*, de 1991, e suas teorias foram expandidas em 1997. O que Strauss e Howe buscaram foi mapear a história americana desde 1433, analisando diversas biografias reais.

A partir disso, conseguiram estabelecer alguns padrões com base nas semelhanças encontradas em cada período da história.

No mapeamento, Strauss e Howe descobriram um padrão nas gerações históricas que girava em torno de eventos geracionais que eles chamaram de ciclos.

Até o momento, estão mapeadas 25 gerações na história anglo-americana, cada uma com um arquétipo correspondente. No entanto, interessa-nos falar somente sobre os quatro arquétipos contidos no grupo denominado "Millennial Saeculum", o que em tradução livre pode ser chamado de Geração do Milênio, composta pelos grupos: Baby Boomer, Geração X, Geração Millennial ou Y e Geração Homeland ou Z.

CALENDÁRIO DE GERAÇÕES E CICLOS				
Geração	**Tipo**	**Ano de nascimento**	**Personalidade famosa**	**Era**
Arturiana	Herói (Cívico)	1433-1460	Rei Henrique VII	Desvendar: Recuo da França
Humanista	Artista (Adaptável)	1461-1482	Thomas More	Crise: Guerra das Rosas
Reformação	Profeta (Idealista)	1483-1511	Ana Bolena	Alta: Renascença Tudor
Represália	Nômade (Reativo)	1512-1540	Elizabeth I	Despertar: Reforma Protestante
Elizabetana	Herói (Cívico)	1541-1565	William Shakespeare	Desvendar: Intolerância e Martírio
Parlamentar	Artista (Adaptável)	1566-1587	William Laud	Crise: Armada Crise
Puritana	Profeta (Idealista)	1588-1617	Anne Hutchinson	Alta: Merrie Inglaterra
Cavalier	Nômade (Reativo)	1618-1647	Nathaniel Bacon	Despertar: Despertar Puritano
Gloriosa	Herói (Cívico)	1648-1673	"King" Carter	Desvendar: Reação e Restauro

Iluminada	Artista (Adaptável)	1674-1700	Cadwallader Colden	Crise: Guerra do Rei Philip/ Revolução Gloriosa
Despertar	Profeta (Idealista)	1701-1723	Jonathan Edwards	Alta: Augusto Idade do Império
Liberdade	Nômade (Reativo)	1724-1741	George Washington	Despertar: Grande Despertar
Republicana	Herói (Cívico)	1742-1766	Thomas Jefferson	Desvendar: Guerra Franco--Indígena
Comprometida	Artista (Adaptável)	1767-1791	Andrew Jackson	Crise: Revolução Americana
Transcendental	Profeta (Idealista)	1792-1821	Abraham Lincoln	Alta: Era dos Bons Sentimentos
Dourada	Nômade (Reativo)	1822-1842	Ulysses Grant	Despertar: Despertar Transcendental
Progressiva	Artista (Adaptável)	1843-1859	Woodrow Wilson	Crise: Guerra Civil Americana
Missionária	Profeta (Idealista)	1860-1882	Franklin Roosevelt	Alta: Reconstrução/ Era Dourada
Perdida	Nômade (Reativo)	1883-1900	Harry Truman	Despertar: Despertar Missionário
GI	Herói (Cívico)	1901-1924	John Kennedy	Desvendar: Primeira Guerra Mundial/ Proibição
Geração Silenciosa	Artista (Adaptável)	1925-1942	Martin L. King Jr.	Crise: Grande Depressão/ Segunda Guerra Mundial
Baby Boomers	Profeta (Idealista)	1943-1960	George W. Bush	Alta: Superpotência Americana

Geração X	Nômade (Reativo)	1961-1981	Barack Obama	Despertar: Revolução da Consciência
Millennials (Geração Y)	Herói (Cívico)	1982-2004	Mark Zuckerberg	Desvendar: Guerras Culturais, Pós-Modernismo
Homeland (Geração Z)	Artista (Adaptável)	2005-presente	Não definido	Crise: Grande Recessão, covid-19, Guerra Russo-Ucraniana

Fonte: LifeCourse.

O termo "Saeculum" faz referência ao tempo de cerca de oitenta a cem anos, que corresponde ao período aproximado do potencial de vida de uma pessoa.

Esse período pode ser dividido em quatro estações de, aproximadamente, vinte anos cada. Com base nessas estações, os autores descobriram um padrão nas gerações que gira em torno de eventos cíclicos que foram chamados de: ciclo alto, ciclo do despertar, ciclo do desvendar e ciclo da crise.

Profetas são os que nascem perto do fim da crise e fazem parte da retomada da confiança e da vida social em prol da comunidade. Eles crescem sob a ótica da moral e do controle, como forma de estabelecer a ordem na superação da crise, se desenvolvem como adultos e se tornam anciãos orientadores de futuras crises.

Nômades são os nascidos durante o ciclo do despertar, quando muitas novas ideias e rupturas geram novas experiências sociais e questionamentos espirituais. Crescem como crianças subprotegidas e, quando jovens, tendem a questionar as instituições, a ordem e os padrões estabelecidos; quando adultos, tornam-se líderes conservadores de meia-idade, ficando mais resilientes quando idosos.

Heróis são os que nascem durante o ciclo do desvendar, em um momento de autoconfiança e liberalismo econômico. Crescem como crianças superprotegidas e se tornam jovens otimistas e adultos excessivamente confiantes; quando mais idosos, tendem a continuar poderosos até o próximo ciclo do despertar.

Artistas são os nascidos durante o ciclo da crise, uma época de grandes perigos e restrições, quando a coletividade possui um caráter mais importante do que a esfera individual. Eles crescem superprotegidos por pais preocupados com a crise. Quando adultos, tendem a ser socializados e conformistas, atuando com base em processos. Já no ciclo do despertar e quando idosos, tendem a atuar de forma mais atenciosa com o próximo.

Uma contaminação memética eficiente também deve considerar os aspectos geracionais, isto é, toda influência memética provocada pelos aspectos econômicos e tecnológicos existentes na época de nascimento de cada pessoa.

Dessa forma, a ideia é usar os memes mais aderentes para cada geração a fim de identificar e eliminar os imunomemes hospedados que possam impedir a evolução e o progresso individual.

É verdade que a Teoria Geracional foi construída com base na história americana. Porém, se analisarmos mais de perto, vamos conseguir vislumbrar grandes semelhanças com as gerações no Brasil e, possivelmente, em outros países do Ocidente.

Isso porque estou considerando somente as gerações contidas dentro da Geração do Milênio, ou seja, subsequentes à Segunda Guerra Mundial, que tiveram fatos e acontecimentos muito parecidos após a guerra e, também, devido à grande influência do cinema americano sobre as culturas do Ocidente, inclusive a brasileira.

Uma pessoa da geração BB nascida no Brasil entre 1943 e 1960 vivenciou uma série de acontecimentos e situações que a fizeram ter um MINDSET e uma visão de mundo bastante distinta de uma pessoa da Geração X, nascida entre 1961 e 1981.

As restrições de conforto, capacidade de compras, marcas e tecnologia fizeram dos BB pessoas com tendência a acumular bens, muitas vezes sem necessidade, ou seja, indivíduos que não jogam nada fora, até mesmo itens estragados, com a finalidade de consertar algum dia.

O valor que atribuem a seus bens é muito superior à valorização de outras pessoas pertencentes às gerações seguintes.

Os BB possuem a percepção de que os bens foram conquistados à base de muito esforço e, muitas vezes, atribuem tanto valor a cada item que chegam a lembrar onde compraram e porque compraram, quanto custava e como foi difícil de adquirir.

Algumas características dessa geração são: dever, formalidade, obediência à autoridade e à hierarquia, estabilidade no trabalho e dedicação a uma empresa.

Os Baby Boomers viveram um período de crescimento econômico e mudanças positivas mas também presenciaram a guerra do Vietnã e o lançamento do satélite soviético Sputnik e o medo gerado por isso. Viveram a explosão do rock and roll, o crescimento da TV e o seu surgimento em cores (CRAMPTON; HODGE, 2009).

Já os membros da Geração X, nascidos entre 1961 e 1981, cresceram em um momento com mais opções de compra e com poder aquisitivo um pouco maior.

A evolução tecnológica fez com que os produtos ficassem obsoletos mais rapidamente, bem como os preços se tornassem mais baixos. Isso tornou os membros da Geração X menos apegados a bens materiais, pois sabiam que os custos de conserto, em geral, seriam muito próximos aos do produto novo, o que não ocorria na época dos BB.

Essa geração foi muito impactada pela turbulência social e econômica, deixando-a menos otimista, porém mais autoconfiante. Eles vivenciaram o crescimento dos computadores pessoais e, com isso, o aumento da capacidade de armazenamento de informações, a popularização de divórcios, a explosão da Aids e o multiculturalismo (EISNER, 2005).

A Geração Y, formada pelos nascidos entre 1982 e 1994, busca maior interatividade com a internet, são inovadores e valorizam a participação e o controle de informações, se negando a serem usuários passivos (TAPSCOTT, 1999).

Os membros da Geração Z, nascidos a partir de 2005, nunca conheceram a vida sem computadores pessoais, telefones celulares, sistemas de jogos, leitores de MP3 e internet.

Eles são os verdadeiros "nativos digitais", confortáveis com aplicações de e-mail, mensagens de texto e de computador. São também capazes de entender e praticar tecnologia de forma mais rápida que as demais gerações (MUELLER, 2014).

Como boa parte dessa geração ainda não está no mercado de trabalho, é muito prematuro estabelecer padrões culturais e de atitudes, porém é possível fazer certa previsão de comportamentos com base em ciclos anteriores, conforme o arquétipo artista.

Analisando a tabela, podemos entender que os membros da Geração Z seguirão o ciclo geracional de trabalhar pela coletividade e pela comunidade, reconstruindo as instituições governamentais e sociais, buscando a moralidade e a justiça a fim de que as próximas gerações possam viver uma época de instituições fortes e confiantes, com o individualismo dando lugar ao bem comum.

GERAÇÃO	CICLO	ARQUÉTIPO	INSTITUIÇÕES	INDIVIDUALISMO	SOCIEDADE	PADRÃO/ATITUDES/HOJE/ CICLO/CRISE
Geração Baby Boomer	1943 - 1960 (18 anos)	Profeta	Fortes	Fraco	Confiante	Anciãos experientes; orientadores em futuras crises
Geração X ou New Generation	1961 - 1981 (21 anos)	Nômade	Enfraquecidas	Crescendo	Progresso	Líderes conservadores
Geração Y ou Millennials	1982 - 2004 (23 anos)	Herói	Fracas	Forte	Busca de união	Jovens otimistas e adultos excessivamente confiantes
Geração Z ou Homeland	2005 - hoje (19 anos)	Artista	Destruídas e Reconstruídas	Coletividade	Comunidade	Superprotegidos por pais preocupados com a crise

Fonte: adaptação do autor.

Em outras palavras, os memes difundidos hoje, tendo por base os acontecimentos políticos, econômicos e tecnológicos dos últimos anos, gerarão um MINDSET para a próxima geração que possivelmente nascerá a partir de 2027, semelhante à da Geração BB. Isso porque as gerações historicamente têm duração que varia entre dezesseis e trinta anos, com uma previsão de 22 anos de duração para essa geração.

Essa tendência comportamental verificada em outras gerações do arquétipo profeta já tem se mostrado um fato, visto que as últimas eleições americanas, bem como as últimas brasileiras, manifestaram essa tendência na escolha de seus governantes, algo que já tenho mencionado há cerca de quinze anos, quando comecei meus estudos sobre gerações.

Isso mostra a crescente busca por estabilidade e pelo retorno de valores e padrões morais mais tradicionais, pela valorização da lei e da ordem como forma de recuperar o crescimento econômico e a justiça social.

É possível observar que as gerações ligadas ao arquétipo herói, atual geração Millennial, são as responsáveis, em parte, por deixar de se importar com questões como essas, visto que o perfil individualista e a expressão de suas ideias tornaram-se suas principais preocupações, ignorando também as implicações e responsabilidades sociais de suas escolhas, algo de suma importância das gerações do arquétipo profeta, como os Baby Boomers.

O MINDSET da geração BB, mesmo com a evolução da tecnologia, muitas vezes tende a permanecer inalterado, não se adaptando aos memes atuais e gerando, além de conflitos de relacionamento, muita perda de dinheiro, atraso no crescimento e nos avanços tecnológicos.

Muitas de suas ideias e seus valores acabaram se cristalizando com o passar do tempo, transformando grande parte dos memes de seu complexo memético em imunomemes.

Já os jovens pertencentes às Gerações Y e Z não sentem a pressão econômica ou a pressão da hierarquia e de títulos da mesma forma que um BB ou X.

Eles valorizam mais os resultados e a participação em decisões do que títulos ou conhecimento teórico. Devido ao imediatismo estabelecido pelo uso da tecnologia, eles se tornaram impacientes com aprendizado teórico, passando a buscar o conhecimento prático.

Eles possuem a vantagem de crescer em um mundo digitalizado, que oferece acesso ilimitado à informação. São inúmeras possibilidades de aprendizado, permitindo que assimilem qualquer coisa a qualquer hora.

Para eles, o aprendizado chega bem mais intensamente, porém de maneira muito menos estruturada e, na maioria das situações, sem qualquer validação de uma instituição de ensino.

A falta de preocupação com títulos e formações da Geração Y acabou por iniciar uma transformação no mercado, fazendo com que empresas de ponta, como Google, Apple e Microsoft, entre outras, deixassem de exigir curso superior como premissa para a ocupação de qualquer cargo.

Fica evidente que a contaminação cultural vivenciada por cada geração e a formação do MINDSET dos indivíduos precisam ser consideradas no processo de construção de todos que almejam obter um MINDSET de Aço.

CAPÍTULO 8

O MINDSET AMERICANO

Como alguns memes impulsionaram uma nação

"É muito melhor arriscar coisas grandiosas, alcançar triunfos e glórias, mesmo expondo-se à derrota, do que formar fila com os pobres de espírito que nem gozam muito nem sofrem muito, porque vivem nessa penumbra cinzenta que não conhece vitória nem derrota".

THEODORE ROOSEVELT

Em 1963, Martin Luther King proclamou seu famoso discurso "Eu tenho um sonho [...]", mencionando diversos desejos sobre igualdade e o que acreditava que um país deveria ter para ser um lugar bom para se viver.

Dentre as afirmações sobre seus sonhos, destaca-se: "Eu tenho um sonho, de que meus quatro pequenos filhos, um dia, viverão em uma nação onde não serão julgados pela cor da pele, mas pelo conteúdo do seu caráter. Eu tenho um sonho hoje".

Através dessa afirmação, dr. King, como era chamado, mudou os EUA com relação à igualdade de direitos entre brancos e negros e, a partir daí, muitos movimentos foram desencadeados e transformações ocorreram.

Antes disso, em 1825 o presidente americano James Monroe falou sobre a "América para os americanos". E assim, os EUA passaram a ser considerados a "Terra das Oportunidades", atraindo mais de 40 milhões de pessoas da Europa em busca de trabalho e do ouro, recém-descoberto na Califórnia, gerando o maior movimento migratório da história entre os séculos 19 e 20.

Um dos maiores ícones dessa visão de independência e oportunidade americana é a Estátua da Liberdade, cujo nome oficial é "A Liberdade Iluminando o Mundo". O ícone foi inaugurado em 28 de outubro de 1886, na Ilha da Liberdade, na entrada do Porto de Nova York.

O monumento foi um presente da França, idealizado para homenagear os Estados Unidos nas comemorações do centenário da sua independência e, ao mesmo tempo, celebrar as boas relações entre os dois países.

O presente monumental foi uma lembrança do apoio intelectual fornecido pelos americanos aos franceses na Revolução Francesa, em 1789.

A visão de liberdade e inspiração para a chegada de mais imigrantes se completava com o poema escrito no pedestal da estátua: "Venham a mim as multidões exaustas, pobres e confusas ansiosas pela liberdade. Venham a mim os desabrigados, os que estão sob a tempestade... Eu guio-os com a minha tocha". (Emma Lazarus, 1875).

Alguns anos depois, assumiu o que talvez seja considerado o mais famoso presidente dos Estados Unidos, Abraham Lincoln, defendendo o fim da escravidão com sua célebre frase: "Como não gostaria de ser escravo, também não gostaria de ser amo. É essa a minha ideia de liberdade. Tudo o que diferir disso, na medida da diferença, não é democracia".

E, mostrando-se um homem temente a Deus, influenciou milhões de pessoas a seguirem o protestantismo, servindo de exemplo para gerações futuras e tornando os EUA uma das maiores nações cristãs do mundo, ao empregar frases como: "Senhor, minha preocupação não é se Deus está ao nosso lado; minha maior preocupação é estar ao lado de Deus, porque Deus é sempre certo".

Não podemos esquecer o famoso ex-presidente John Fitzgerald Kennedy, que disse: "Não perguntes o que a sua pátria pode fazer por você, pergunte o que você pode fazer por sua pátria". Com isso, alimentou ainda mais o nacionalismo e a ideia de defesa da pátria e do modo de vida americano na década de 1960.

São inúmeras as ideias difundidas por presidentes, pensadores, celebridades, personagens de cinema e pessoas que decidiram fazer a diferença e criar movimentos para transformar seu ambiente. Movimentos esses que fizeram dos Estados Unidos a potência econômica e bélica que é hoje.

É difícil ter certeza se todas as ideologias citadas e que permaneceram como referência até hoje foram de fato os desencadeadores de uma transformação cultural que culminou na atual cultura americana, focada na igualdade, na liberdade e no empreendedorismo.

No entanto, não é possível desconsiderar a influência memética provocada a partir desses fatos e o poder da influência memética que pode definir até o futuro de um país.

A construção de um MINDSET de Aço, para uma contaminação memética de proporções semelhantes ao exemplo norte-americano, permanecendo firme em prol de suas ideias e seus projetos, negando fatos e situações desmotivantes, irá requerer de você uma capacidade extra e uma disposição ainda maior. Transformar a si mesmo é algo tão difícil quanto vencer uma guerra; a única diferença é que o campo de batalha é a sua mente.

CAPÍTULO 9

MINDSET PROFILE

Como funciona o MINDSET de cada perfil psicológico

"Preferimos dizer sim aos pedidos de quem gostamos."

ROBERT CIALDINI

Sempre que precisamos apresentar algo para alguém, seja uma nova ideia, um projeto, uma melhoria ou um produto para um cliente, a tendência natural é haver resistência.

Isso ocorre porque cada pessoa possui um MINDSET distinto devido a suas vivências e experiências, que formam a sua cultura, ou seja, porque possui um perfil psicológico diferente mesmo que, muitas vezes, faça parte de uma de suas ideosferas.

Outro problema é quando existem imunomemes acerca do conteúdo da nossa apresentação. Em algumas empresas, é possível que, quando são apresentadas ideias inovadoras, alguns gestores acabem vendo com certa desconfiança ou como uma fonte de gastos desnecessários. Entre as diversas causas para isso estão as diferenças culturais entre as gerações e as variedades entre os perfis psicológicos dos participantes da apresentação.

O somatório dessas diferenças gera padrões mentais bastante distintos, cujos memes contidos no complexo memético podem colidir com os memes e imunomemes da outra parte. De forma inconsciente, esses padrões podem ser interpretados como um risco à sobrevivência, por isso tendem a gerar esse desconforto.

Portanto, entender sobre o perfil psicológico e como ele influencia nos padrões contidos no MINDSET de cada pessoa é algo muito importante para que o processo de comunicação e persuasão possa ser mais efetivo.

Além disso, é fundamental que os processos de mudanças individuais possam ser adaptados conforme a estruturação de pensamentos de cada perfil, buscando apresentar benefícios, propósitos e intenções para que possam ser percebidos imediatamente.

Quando um projeto de mudança é apresentado para uma pessoa mais analítica, é possível que seja considerado desnecessário. Essa interpretação ocorre de forma inconsciente e tende a ser vista como uma tentativa de modificar algo que está funcionando e que gerará desconforto em uma situação, originalmente, cômoda.

Para empresas cuja cultura estabelecida tende a ser como essa, aprovar projetos que geram mudanças é ainda mais difícil.

E quando falamos de projetos mais inovadores, a aceitação se mostra quase impossível devido à cultura e ao MINDSET dos líderes.

No entanto, não significa que empresas com posturas mais conservadoras não realizem projetos inovadores. Significa que os critérios de aprovação para esses projetos são diferentes, de empresa para empresa, em virtude do complexo memético estabelecido em cada organização. Vale lembrar que o complexo memético está expresso na visão, na missão e nos valores da empresa.

A dificuldade se deve ao fato de que cada empresa possui líderes com diferentes MINDSETS, ou seja, diferentes conjuntos de crenças, valores e experiências que moldaram sua forma de ver o mundo. Aliado a isso, temos os memes contidos na geração da qual cada um faz parte e também os memes ligados ao perfil psicológico. Todos esses fatores colaboram para a construção do MINDSET do líder.

Líderes que possuem características mais analíticas e conservadoras tendem a somente sentirem-se confortáveis para avançar se estiverem cercados de garantias e de tempo para analisar o máximo de variáveis.

Por isso, convido você a compreender como cada gestor toma decisões de acordo com o perfil psicológico e os fatores que influenciam a personalidade.

Considerando as características de cada perfil, descobrimos que os quatro perfis fazem diferentes interpretações acerca de uma mesma ideia. No caso de uma ideia inovadora, algumas pessoas podem achar um projeto muito arrojado, enquanto para outras o mesmo projeto pode parecer conservador, tendo por base as mesmas informações apresentadas.

A diferença na interpretação dos fatos e na análise de dados para tomada de decisão e para condução de processos obviamente afeta, de modo profundo, os resultados nas empresas e o relacionamento entre líderes e liderados.

Empresas que entendem esses conceitos e aprendem sobre a importância de utilizá-los em todas as relações de forma permanente se tornam mais produtivas e rentáveis.

Um estudo publicado pela *Harvard Business Review* em 2008 indica que um dos maiores motivos para a perda de um cliente é o mau atendimento, com 68% das causas. Grande parte do problema de atendimento está relacionado ao que chamamos de dissonância cognitiva, gerada pelo não atendimento das expectativas entre as partes. Essa dissonância é um processo de conflito entre as ideias, crenças e opiniões existentes entre as pessoas.

Outros problemas em um atendimento ocorrem quanto à interação, e as atitudes acabam desconsiderando o sistema de comunicação da outra parte, visto que cada pessoa tende a se expressar com seu próprio sistema de comunicação e decodificação, gerando assim mais dissonância cognitiva.

Para Leon Festinger, primeiro pesquisador a falar sobre o processo de dissonância cognitiva, a busca da consonância (ou seja, de uma possível concordância) pode ser feita de três formas:

1ª) Relação dissonante: é feita a substituição dos pontos dissonantes por outros menos dissonantes.

2ª) Relação consonante: é feita uma pesquisa por mais informações que possam buscar a concordância com a outra parte.

3ª) Relação irrelevante: é feita quando os pontos de dissonância têm sua importância reduzida ou até eliminada a fim de buscar a concordância.

Normalmente os clientes sentem-se mal recebidos por serem incompreendidos, acreditando que o atendente não está interessado em ajudá-los nem os está tratando com a devida importância. É provável que isso aconteça pelo fato de cada perfil psicológico ter uma expectativa de como seria o certo.

Vejamos um exemplo: um vendedor com um perfil mais ativo e dominante terá a tendência em atender um cliente de forma muito objetiva e simplificada. Ele fará de tudo para entregar o que o consumidor estiver buscando, porém fará isso de maneira rápida, ágil e pouco relacional, já que esse perfil tem a entrega de resultados como elemento norteador de suas decisões e atitudes.

Em outros termos, mesmo que esse vendedor esteja preocupado com o cliente e queira fazer de tudo para atendê-lo, é possível que ele seja interpretado como uma pessoa grosseira, muito agitada e ríspida por indivíduos de outros perfis.

Um bom atendimento não significa fazer tudo o que o cliente deseja; trata-se de se importar genuinamente com ele, fazendo todo o possível para causar uma experiência única e positiva.

Essa experiência ocorrerá mesmo que a solicitação do cliente não possa ser atendida. Assim, saber lidar correta e adequadamente com cada pessoa, de forma a buscar um "alinhamento memético" que vise ao entendimento e à concordância, é fundamental para um bom atendimento. Da mesma maneira que para a aprovação de projetos, a colaboração de outras pessoas e, até mesmo, para uma boa venda.

Uma estratégia útil para convencer pessoas a respeito de uma ideia, conseguir criar engajamento e uma boa comunicação dentro da equipe é utilizar, com cada pessoa, os memes aderentes aos perfis psicológicos.

Isso é importante, principalmente, quando uma pessoa explica algo para outra; quem explica quase sempre acaba utilizando argumentos construídos conforme o seu MINDSET e seu perfil psicológico.

Em outras palavras, argumentos que são capazes de convencer a si mesmo e aderentes à sua forma de agir e de se comunicar. Quando encontra outro perfil diferente do seu, a ideia tende a apresentar dificuldade de ser compreendida, e o relacionamento também tende a apresentar dificuldade de ser construído.

Com base nessa visão, uma pessoa que deseja atingir o sucesso, parcerias duradouras e construir um *networking* eficiente precisa ser capaz de fazer uso da argumentação correta, considerando as características de cada perfil com que for se relacionar.

Será preciso elaborar uma argumentação que atue além de explanações técnicas ou de um estilo de linguagem formal ou informal.

Por exemplo: coordenar um projeto em que o gestor necessite da colaboração da equipe, com participantes de diferentes perfis. Se um dos liderados possuir um perfil dominante, para se obter a colaboração e engajamento dele, além da aderência memética quanto ao tema do projeto, será necessário apresentar os benefícios de forma clara e objetiva, ressaltando o resultado, pois esses são os atributos que o participante valoriza.

Para as pessoas com perfil relacional, o foco deverá ser no relacionamento, no bem de todos, nas vantagens que serão geradas para a equipe ou para outras pessoas de forma geral.

Para que você consiga ser mais efetivo na comunicação e no convencimento, será preciso aprender a se comunicar com os outros como se partilhasse das mesmas características e dos mesmos padrões do perfil deles. Será necessário aprender a utilizar as expressões e as abordagens, conforme as preferências individuais do outro perfil, e não segundo as características do seu.

Agindo dessa forma, a outra pessoa vai entender claramente o que for proposto, visualizando os benefícios que o próprio perfil valoriza.

Quando compreendemos o conceito de perfil psicológico como um elemento de grande importância na construção do MINDSET de Aço, é possível também enxergar sua relevância na busca de engajamento com as pessoas dentro e fora das organizações.

Por isso desenvolvi a ferramenta MINDSET PROFILE, que reúne os conceitos de perfil psicológico e permite compreender como cada pessoa encara as situações e os desafios da vida, toma decisões e pode ser persuadida.

O MINDSET PROFILE classifica as pessoas em quatro perfis psicológicos, sendo comum que todas possuam um pouco de cada um deles. Sempre há um perfil predominante, cujas características direcionam o seu padrão de decisão em uma escala de prioridades.

Cada perfil predominante sempre é acompanhado de traços mais ou menos intensos dos outros perfis. Existe também um perfil de apoio responsável por atenuar as características do perfil predominante e acrescentando novas características e padrões.

A combinação dos perfis dominante e de apoio define um padrão de decisão e de atitudes, cuja tendência é se mostrar igual para todas as pessoas daquela combinação, mesmo que seja pertencente a uma geração diferente, tenha outra cultura ou seja de outro país.

Em cada perfil existe um conjunto de características e aptidões que levam as pessoas a agir diferentemente em cada situação, porém de forma correta segundo sua própria percepção.

Os perfis são definidos conforme o resultado obtido no teste MINDSET PROFILE e podem variar a intensidade de cada característica, conforme a pontuação de respostas obtidas de cada perfil.

Já existem diversos testes semelhantes a esse com a mesma finalidade de identificação de perfis, praticamente todos com a mesma origem, ou seja, a Teoria dos Quatro Humores de Empédocles, criada no século 4 a.C. Ferramentas conhecidas, como DISC, MBTI, PAS, SOAR, Innermetrix, Kingdomality, Tipos Psicológicos de Jung, Teste de Personalidade das Cores de Hartman, Teste de Dominância Cerebral de Herrmann, Teste de Estilos Sociais de Junqueira e Teste do Método Life Orientations (LIFO), entre outras.

Porém, o MINDSET PROFILE possui algumas vantagens, visto que considera características comportamentais aliadas à neurociência, o que o torna mais efetivo e aplicável no dia a dia.

A análise simples do perfil é obtida por meio de um teste com vinte questões compostas de perguntas e afirmações relacionadas aos quatro perfis. A interpretação acontece com base nas características elencadas para cada perfil, porém uma análise mais profunda só é possível por quem domina os conceitos de neurociência e da ferramenta MINDSET PROFILE.

O que define o perfil predominante é a maior quantidade de questões assinaladas com uma mesma alternativa. A maior pontuação define o padrão de decisão, e a segunda maior pontuação indica o padrão de atitudes.

Para facilitar a compreensão das características e a memorização dos perfis, o MINDSET PROFILE reúne como arquétipos quatro animais que possuem características que permitem fazer uma ótima analogia com cada perfil.

Os perfis foram segmentados da seguinte forma: Leão (Ativador/Dominante), objetivo, focado em resultados, impulsivo e apreciador de controle; Macaco (Organizador/Racional), metódico, focado na organização e fã dos processos; Pavão (Inovador/Reflexivo), persuasivo, focado em inovação e com tendência a criar soluções; Cachorro (Comunicador/Relacional), relacional, focado em pessoas e com prazer em ensinar.

Dessa forma, desenvolvi a seguinte matriz do MINDSET PROFILE:

Fonte: elaboração do autor.

Com base na matriz, é possível identificar de forma rápida e simplificada o perfil predominante de cada pessoa com quem nos relacionamos, sem ter que pedir para elas fazerem o teste.

Para isso, basta analisarmos os padrões de atitudes e de fala das pessoas, fazendo duas perguntas mentalmente. A primeira pergunta é: essa pessoa tende a decidir de forma mais rápida ou mais lenta? Se a resposta for "mais rápida", podemos ter dois perfis, pois no quadrante superior se encontram o Pavão e o Leão.

A segunda pergunta é: essa pessoa tende a agir de forma mais racional ou emocional? Se a resposta for "emocional", você já sabe que ela possui o perfil Pavão, pois é o pertencente à combinação de ações rápidas e atitudes emocionais.

A partir daí, basta adaptar os memes conforme as características de cada perfil para que haja melhor comunicação e entendimento entre as pessoas.

É importante compreender que todos os perfis possuem o mesmo nível de energia e capacidades, porém é comum as pessoas acharem que os indivíduos com o perfil Leão são mais ativos, dando a sensação de que nunca se cansam e que por isso são melhores do que os outros.

O que acontece é que cada perfil consome energia de forma diferente, gerando a sensação de que os outros perfis são menos ativos, o que não é verdade. Podemos relacionar o consumo de energia de cada perfil ao padrão de decisões e prioridades.

- O Leão gasta sua energia realizando tarefas, fazendo coisas, tentando, conquistando e buscando resultados.
- O Macaco gasta sua energia organizando e sistematizando as coisas, planejando e analisando riscos.
- O Pavão gasta sua energia criando coisas e refletindo sobre as possibilidades futuras.
- O Cachorro gasta sua energia se comunicando, cuidando das pessoas e construindo relacionamentos.

Cada perfil utiliza sua energia e gasta seu tempo conforme suas prioridades, portanto o investimento energético é diferente para cada um. Porém, não há melhor ou pior, já que todos apresentam características que podem se mostrar mais favoráveis para algumas atividades do que para outras.

Por exemplo: preencher planilhas ou estruturar processos são atividades em que o Macaco terá mais facilidade que os outros perfis. No entanto, veremos o Cachorro tendo um *networking* muito maior e com relacionamentos mais intensos do que os outros perfis, devido à sua capacidade de se relacionar com as pessoas.

CARACTERÍSTICAS DE CADA PERFIL				
ARQUÉTIPO	LEÃO	MACACO	PAVÃO	CACHORRO
PERFIL	Dominante	Analítico	Reflexivo	Relacional
FOCO	Resultado	Organização	Inovação	Pessoas
DECISÃO	Rápido	Lento	Rápido	Lento
PREDOMINÂNCIA	Racional	Racional	Emocional	Emocional
CARACTERÍSTICAS DO PERFIL	Autossuficiente Define regras Foco na ação Impulsivo Centralizador Automotivado Decisões rápidas Gosta de soluções práticas Gosta de desafios Dificuldade para delegar tarefas Impaciente com os outros É orientado para o aqui e agora	Metódico Crítico Sistemático Foca na organização Interessado em fatos e cifras Precavido Conservador Detalhista Organizado Formal Voltado a processos Valoriza a lógica e a ordem	Intuitivo Adora resolver problemas Criativo Gosta de novidades Assume riscos Rompe regras Adora surpresas Curioso Visionário Flexível Valoriza ideias, criatividade e originalidade Gosta de entender as possibilidades	Sensível Emotivo Prefere trabalhar em equipe Gosta de ensinar Gosta de conversar Expressivo Valoriza os relacionamentos Sabe lidar com as pessoas Informal Afetuoso Persuasivo Intuitivo Gosta do contato físico

COMO FALAR COM ESSE PERFIL	Seja objetivo Diga o que pretende no início Dê ênfase em soluções	Seja organizado e objetivo Explique passo a passo Mostre garantias e dê segurança	Seja criativo e inovador Discuta princípios Deixe-o divagar e mudar de assunto	Seja educado, cordial e gentil Procure ambientes informais Esteja atento aos sentimentos
QUER SER VALORIZADO POR	Seus resultados	Organizar as coisas	Suas criações	Ser um bom amigo
COMO LIDA COM DETALHES	Não tem paciência	Valoriza detalhes	Acha chato	Falta de atenção para detalhes não pessoais
ENERGIA DE ATIVAÇÃO	Alta e constante	Baixa e constante	Alta e oscilante	Alta e oscilante
COMO LIDA COM REGRAS	Cumpre se for importante para o resultado	Gosta e cumpre	Flexível e só cumpre se concorda	Não gosta mas cumpre
COMO LIDA COM FRUSTRAÇÃO	Supera com facilidade	Dificuldade de superar	Reflete e supera	Dificuldade de superar
EXEMPLO DE PERSONAGEM	Miranda Priestly, do filme *O diabo veste Prada*	Spock, da série *Jornada nas estrelas*	William Wallace, do filme *Coração valente*	Rúbeo Hagrid, da saga Harry Potter
EXEMPLO DE CELEBRIDADE	Donald Trump	Warren Buffett	Steve Jobs	Sílvio Santos
FRASE DE CELEBRIDADE	Seja obcecado por soluções, não por problemas	Alguém está sentado nas sombras hoje pois alguém plantou uma árvore muito tempo atrás	Porque as pessoas que são loucas o suficiente para achar que podem mudar o mundo são as que, de fato, mudam	Quer ter paz, sucesso e ser feliz? Não fale da sua vida para ninguém. O que ninguém sabe, ninguém estraga

Fonte: elaboração do autor.

Na tabela podemos ver as características de cada perfil e situações em que cada um funciona melhor.

É interessante observar que uma pessoa com perfil principal de Leão e perfil secundário de Pavão será vista como alguém decidido, autoritário, que gosta de se arriscar e bastante inovador. Competitivo naquilo que faz e muito orientado pelos resultados. Uma pessoa que se envolve e age, um triunfador, que confia mais na sua própria capacidade do que na dos outros. Uma pessoa que age para poder estar no controle.

Esse perfil também indica que a pessoa é orientada pela ação e não gosta de esperar. É impaciente consigo mesmo e com os outros. Aprende rapidamente e gosta de variedade ao seu redor. Gosta de situações novas e estimulantes que tenham um ritmo rápido.

Analisando essas características comportamentais, fica evidente que agir de forma contrária a essas características, utilizando memes antagônicos e desarmoniosos, gerará uma dissonância cognitiva, fazendo com que a pessoa se sinta desconfortável, estressada e pouco disponível para aceitar qualquer argumentação.

Uma pessoa com o perfil principal Cachorro e com o secundário Macaco terá grande dificuldade de interação com o perfil anteriormente apresentado, pois o foco do Leão/Pavão será resultado, agindo de forma centralizadora, competitiva e impaciente para decidir.

ASSESSMENT MINDSET PROFILE					
1		**Se eu tiver que contratar alguém vou considerar mais...**	11		**Eu gosto de...**
	(M)	- As habilidades técnicas do entrevistado		(R)	- Novidades e de novos projetos
	(D)	- As conquistas do entrevistado nas empresas que trabalhou		(M)	- Ordem e sistematização
	(R)	- A desenvoltura e a capacidade de adaptação do entrevistado		(C)	- Calor humano e amizade
	(C)	- Se o entrevistado parece ser uma boa pessoa		(D)	- Coisas claras e simples
2		**Nas empresas que trabalho sou a pessoa que...**	12		**Se me convidar para um passeio...**
	(M)	- Tento observar mais e falar menos		(C)	- Que seja para um lugar com pessoas legais
	(R)	- Sempre tem boas ideias		(R)	- Que seja para um lugar diferente
	(C)	- Faço amizade com todos		(M)	- Que seja para onde eu não passe trabalho
	(D)	- Tento ser proativo		(D)	- Que seja para aproveitar ao máximo
3		**Prefiro as palavras...**	13		**O hobby que mais me identifico é...**
	(D)	- Resultado e Agilidade		(R)	- Colecionar coisas
	(M)	- Planejamento e Organização		(D)	- Praticar esportes ao ar livre
	(R)	- Novidade e Mudança		(C)	- Roda de histórias com os amigos
	(C)	- União e Amizade		(M)	- Montar quebra-cabeça
4		**Sobre regras...**	14		**Para organizar uma comemoração eu...**
	(D)	- Cumpro, mas se precisar gerar resultado eu descumpro		(M)	- Fico com a organização
	(M)	- Gosto de regras e sempre cumpro		(D)	- Fico com as compras
	(R)	- Não gosto de regras, mas cumpro se eu concordar		(R)	- Fico com escolha da surpresa
	(C)	- Cumpro, se pedirem com educação ou fizer bem para o grupo		(C)	- Fico com recepção dos convidados
5		**A frase que mais combina comigo é...**	15		**Quando vou comprar algo sempre...**
	(D)	- Seja obcecado por solução, não por problemas.		(R)	- Procuro diversas opções
	(M)	- Alguém está sentado nas sombras hoje, pois alguém plantou uma árvore muito tempo atrás.		(M)	- Analiso cada detalhe antes de escolher
				(D)	- Escolho rápido e gasto pouco
	(R)	- Porque as pessoas que são loucas o suficiente para achar que podem mudar o mundo são as que, de fato, mudam.		(C)	- Busco indicação de amigos e familiares
	(C)	- Não fale a sua vida para ninguém. O que ninguém sabe, ninguém estraga.			
6		**Adoro conversar sobre...**	16		**Bons resultados, dependem de...**
	(C)	- Amigos e família		(R)	- Inovação
	(R)	- Novidades e Ideias inovadoras		(M)	- Planejamento
	(D)	- Conquistas e Negócios		(C)	- Pessoas
	(M)	- Economizar e Regras		(D)	- Ação
7		**Quando preciso resolver algum problema...**	17		**Não vejo problemas em...**
	(M)	- Demoro para decidir, pois preciso ter certeza do que fazer		(R)	- Mudar as coisas
	(R)	- Decido rápido, mas tento enteder as possibilidades de resolução		(M)	- Ser muito organizado
	(D)	- Decido rápido, pois não dá para perder tempo		(D)	- Ser muito objetivo
	(C)	- Demoro para decidir, pois preciso enteder o impacto sobre as pessoas		(C)	- Falar bastante
8		**Quando participo de um projeto prefiro...**	18		**Gosto de usar meu tempo para...**
	(R)	- Coordenar		(D)	- Realizar tarefas
	(M)	- Controlar as tarefas e cronograma		(C)	- Curtir a família e amigos
	(D)	- Executar		(M)	- Planejar o que quero fazer
	(C)	- Engajar a equipe		(R)	- Pensar na vida e em novos projetos
9		**Em minha rotina de trabalho procuro...**	19		**Eu me divirto quando...**
	(M)	- Manter minha mesa e arquivos organizados		(D)	- Estou me exercitando
	(C)	- Manter um bom relacionamento com os colegas		(R)	- Tenho novidades
	(D)	- Manter todas as tarefas em dia		(C)	- Estou com os outros
	(R)	- Identificar pontos de melhoria		(M)	- Ninguém bagunça as coisas
10		**Gosto quando no meu dia...**	20		**Acredito que...**
	(D)	- Consigo fazer muitas coisas		(R)	- Não é fácil seguir regras
	(C)	- Me divirto com meus colegas		(M)	- É preferível olhar, antes de pular
	(M)	- Tudo segue conforme planejado		(C)	- Duas cabeças pensam melhor que uma
	(R)	- Aprendo coisas novas		(D)	- Se você não tem condições de competir, não compita

O Cachorro/Macaco buscará realizar as atividades de forma mais tranquila e decidirá tudo pensando no impacto para as pessoas, agindo com muita calma e precisão, o que fará com que ambos se sintam desconfortáveis.

A saída para buscar o entendimento entre as pessoas desse exemplo um tanto extremado, mas totalmente factível, será fazer com que tenham consciência de sua forma de agir e pensar, bem como de suas limitações e características, pois grande parte da frustração que existe em qualquer relacionamento deve-se ao desalinhamento de expectativas.

O Leão/Pavão esperará que a outra pessoa aja como ele, seguindo os padrões de seu MINDSET. Porém, se ele souber que a outra pessoa é um Cachorro/Macaco, conseguirá ser mais tolerante e saber o que esperar, adaptando a sua comunicação para isso.

Com base nesses exemplos, fica evidente a necessidade de conhecer como funciona cada perfil, suas características e limitações, de forma a respeitar as diferenças de entendimento e visão, aprendendo a lidar com elas.

Com esse conhecimento, será possível conciliar a maneira de agir e de se comunicar, buscando a cooperação e o entendimento de cada pessoa com quem se relacionar, por meio da apresentação de fatos e argumentos de forma adaptada ao MINDSET do interlocutor, para que ele entenda o que está sendo dito muito mais efetivamente.

Com base nas características de cada perfil, existem memes mais aderentes a cada MINDSET. Dessa forma, com entendimento aprofundado sobre o tema, foi possível estruturar uma lista das palavras preferidas por cada um.

A lista a seguir o auxiliará a identificar o tipo de cada indivíduo; basta observar as palavras que mais utiliza e de qual perfil faz parte. É possível, também, usar essas palavras para tornar a comunicação mais clara e assertiva, possibilitando melhor entendimento do que está sendo proposto.

PALAVRAS PREFERIDAS POR CADA PERFIL			

Resultado	Segurança	Novidade	Família/Amigos
Agilidade	Organização	Mudança	Diversão
Não perder tempo	Planejamento	Avançar	Satisfação
Foco	Processo	Reconhecimento	Felicidade
Fazer	Pontualidade	VIP	Alegria
Vantagem	Baixo risco	Liberdade	Conversar
Oportunidade	Detalhes	Possibilidades	União
Ganhar	Controle	Reservado	Trabalho em equipe
Sucesso	Regras	Inovação	Tranquilidade

Fonte: elaboração do autor.

Nas próximas páginas está o teste MINDSET PROFILE, que desenvolvi para que você possa conhecer um pouco mais sobre o seu perfil e o das pessoas com quem você lida e a influência que o perfil exerce sobre o MINDSET de cada um.

Recomendo que só leia a página seguinte depois de fazer o teste, pois nela está a instrução de tabulação das respostas.

Cada questão possui quatro alternativas, cada uma nomeada com uma letra representando um perfil.

- A letra (D) representa o perfil Leão, ou seja, DOMINANTE.
- A letra (M) representa o perfil Macaco, ou seja, METÓDICO.
- A letra (R) representa o perfil Pavão, ou seja, REFLEXIVO.
- A letra (C) representa o perfil Cachorro, ou seja, COMUNICATIVO.

Para apurar os resultados do teste, basta que você some as quantidades de cada alternativa marcada para saber qual é o perfil principal e o secundário.

CAPÍTULO 10

O MINDSET E O CONFLITO

Uma mente de aço precisa aprender a lidar com conflitos

"Devemos promover a coragem onde há medo, promover o acordo onde há conflito e inspirar esperança onde há o desespero."

NELSON MANDELA (18/07/1918 – 05/12/2013)

Uma questão fundamental relacionada a um MINDSET de Aço, capaz de transformar uma empresa, o ambiente e as pessoas, é a capacidade de lidar com os conflitos. Mais do que evitar o desgaste entre as pessoas, é necessário conseguir entender e analisar diferentes visões e opiniões, eliminando o conflito para obter um melhor resultado para todos.

Normalmente, dentro das organizações, os colaboradores atuam focados em atingir seus objetivos e aumentar os resultados, a fim de elevar a empresa a patamares superiores. Mesmo assim, é provável que cada uma dessas pessoas possua uma visão e uma estratégia diferente para conseguir isso. É provável que cada uma tenha em seu MINDSET o que chamamos de "solução ideal" para resolver qualquer problema ou lidar com cada situação.

Construir um MINDSET capaz de lidar com os conflitos passa a ser algo tão importante quanto saber aonde a empresa quer chegar. Diretores, gerentes e colaboradores são despreparados para expor suas ideias e posições de forma apropriada para seus colaboradores, colegas e superiores, e isso acaba gerando diversas situações conflituosas e estressantes.

Essa ausência de preparo muitas vezes é verdadeira, porém, outras vezes, o que se observa é a falta de interesse ou o desleixo em transmitir as informações da maneira mais adequada possível. Outras situações de conflitos surgem quando existe a necessidade de tomar alguma decisão e as pessoas envolvidas não são devidamente informadas ou divergem, tanto no que está sendo decidido, quanto na forma ou em quando decidir.

Em 1931, o psicólogo alemão Kurt Lewin definiu o conceito de conflito como: "A convergência de forças de sentidos opostos mas de igual intensidade, que surge quando existe atração por duas valências positivas, mas opostas (ex.: desejo de assistir a uma peça de teatro e a um filme exibidos no mesmo horário e em locais diferentes); ou duas valências negativas (enfrentar uma cirurgia ou ter o estado de saúde agravado); ou uma positiva e outra negativa, ambas na mesma direção (desejo de pedir aumento salarial e medo de ser demitido por isso)".

Grande parte dos conflitos são decorrentes do modo como as pessoas se comunicam umas com as outras. Ou seja, duas pessoas com MINDSET diferentes, que costumam interpretar o mundo e organizar suas ideias de maneira distinta e, muitas vezes, até antagônica, terão dificuldade em compreender e expressar suas ideias se utilizarem a própria forma de comunicação.

Assim, entender o melhor jeito de explicar algo para cada pessoa, considerando os diferentes tipos de perfis psicológicos, se torna um excelente modo de evitar conflitos por problemas de comunicação e falta de entendimento.

É bastante visível que as pessoas que não conseguem estabelecer uma boa comunicação com outras acabam tendo dificuldade no entendimento e na execução de tarefas sob sua responsabilidade. Esse obstáculo acarreta resultados inferiores ao esperado, o que por sua vez gera cobrança e novos conflitos.

Normalmente, dentro das empresas, quando se fala em evitar conflitos e melhorar a comunicação para diminuir o peso da hierarquia, criando um ambiente seguro e aberto para críticas e *feedbacks*, a tendência é que nada seja feito para mudar.

Em 2012, a pesquisadora americana Margaret Heffernan palestrou para o TED Global, apresentando uma abordagem que coloca as divergências como impulsionadores do progresso.

Margaret contou a história das pesquisas realizadas pela médica britânica Alice Stewart, na década de 1950. Na história, Margaret conta que Alice lutou por 25 anos para conseguir provar que o uso de raio X em mulheres grávidas causava uma alta incidência de câncer nos bebês e, consequentemente, a mortalidade.

Durante esse tempo, a médica teve ajuda de um amigo, o estatístico George Kneale, para não perder o foco e permanecer na luta a fim de evitar a morte de mais bebês.

George dizia que sua tarefa era ajudar a amiga tentando provar que ela estava errada. Ele dizia que era somente não conseguindo provar que Alice estava errada que ela conseguiria provar que estava certa. Com isso, ele a mantinha focada e ainda mais confiante no caminho que estava percorrendo para defender sua pesquisa.

Manter esse tipo de abordagem requer bastante energia e interesse pela organização e pelas pessoas envolvidas, pois o propósito é acertar e fazer o melhor, não discordar.

Nesse modelo, não importa buscar a visão certa ou errada, e sim aquela que melhor atinge os resultados. "O fato é que a maioria das grandes catástrofes que temos testemunhado, raramente, vêm de informação secreta ou oculta. Vêm de informação que é disponibilizada livremente por aí afora, mas que evitamos encarar, porque não podemos ou não queremos enfrentar o conflito que isso causa. Mas, quando ousamos quebrar esse silêncio e criamos o conflito, possibilitamos a nós, e às pessoas a nossa volta, fazer nossas maiores reflexões" (HEFFERNAN, 2012).

Dessa forma, Margaret salienta que é de extrema importância manter dentro das empresas e organizações "parceiros pensantes que não são meras câmaras de eco", a fim de garantir, de forma colaborativa, que a melhor decisão está sendo tomada.

É claro que, para criar esse modelo, é preciso resistir às forças neurobiológicas, que nos levam a preferir pessoas iguais a nós mesmos, buscando indivíduos com diferentes modelos mentais e diferentes experiências para que esse modelo tenha sucesso.

Uma questão muito importante a se considerar é o processo da dissonância cognitiva, termo criado pelo professor Leon Festinger em 1957, mas que continua atual e, hoje, é embasado pela neurociência.

Nesse processo, o ser humano está, permanentemente, lutando por sua sobrevivência e por melhores posições sociais que gerem distinção e favorecimentos em prol da manutenção da vida e da obtenção de alimentos, e a dissonância cognitiva atua de forma a sinalizar o que será rejeitado inconscientemente.

Em outras palavras, ideias dissonantes podem ser percebidas como obstáculos nocivos à sobrevivência, gerando um fruto biológico muito maior do que um efeito social de uma simples divergência de opinião.

Os efeitos das dissonâncias, identificados pela biologia, manifestam influência muito mais forte e mais difícil de superar do que a proposta inicial de Festinger, baseada nas divergências culturais que motivam os conflitos.

No entanto, é importante salientar que os conflitos provocados dentro das organizações, devido à inadequação ou falta de comunicação, devem ser tratados urgentemente, pois produzem inúmeras perdas financeiras.

Isso também ocorre com os conflitos gerados por medo de apontar erros ou problemas decorrentes das implicações sociais de atitudes como essa. Não se pode esquecer, porém, que enfrentar conflitos e criar condições para que possam ser debatidos e tratados é algo que está sob a responsabilidade de quem está à frente de projetos. O gestor é quem deve cumprir esse papel e enfrentar o desafio de proporcionar um ambiente estimulante e colaborativo para a organização produzir mais e da melhor forma.

Que as palavras têm poder, todo mundo já sabe. Até a Bíblia Sagrada possui pelo menos cinco versículos falando sobre isso. Agora, o que talvez você não saiba é que, em uma discussão que cause situação de conflito, o cérebro reage a uma palavra agressiva da mesma forma como se a pessoa levasse um soco na cara.

Isso ocorre porque nosso sistema de defesa, automático ao menor sinal de risco à sobrevivência, aciona a amígdala cerebral, uma estrutura repleta de neurônios com tamanho de uma noz, situada em cada hemisfério do cérebro, dentro da área popularmente chamada de sistema límbico.

Entre suas diversas funções, a amígdala cerebral tem como principal objetivo a autopreservação do ser humano, ou seja, é responsável por disparar um conjunto de reações em nosso corpo quando identifica alguma situação de perigo e risco à integridade física ou moral.

A grande questão é que a interpretação do que é perigo real e do que é imaginário não está sob seu controle. Quando uma pessoa simplesmente discorda ou duvida de você, essa situação tende a ser interpretada, inconscientemente, como um perigo, ativando o sistema de defesa e liberando o hormônio chamado cortisol, que é o responsável pelo processo de luta ou fuga e, também, o mesmo ativado em situações de estresse.

Se você precisa discordar de alguém ou tratar de um assunto delicado com potencial de conflito, lembre-se de selecionar bem suas palavras, pois, depois que o processo de luta ou fuga aciona a liberação do cortisol, por um período de até uma hora, suas argumentações lógicas e racionais não funcionam. Mesmo que você seja a parte correta da discussão, apresentando fatos que comprovem tal argumentação, não terá sucesso.

Uma das saídas é aguardar o tempo necessário para que o sistema de defesa se desarme e, então, voltar a conversar sobre o assunto polêmico. Outra forma é fazer com que a pessoa se sinta valorizada e reconhecida, liberando o neuro-hormônio do engajamento e da amizade, a ocitocina.

Esse neuro-hormônio é capaz de neutralizar o efeito do cortisol, desarmando o sistema de defesa e fazendo com que a pessoa volte a conversar de maneira mais racional e ponderada. Vale salientar que essa valorização precisa ser verdadeira; caso contrário, os níveis de cortisol aumentarão ainda mais.

CAPÍTULO 11

A INFLUÊNCIA DO MINDSET NA CONSTRUÇÃO DOS HÁBITOS

Como nossos hábitos são construídos e modificados

"Nós somos aquilo que fazemos repetidamente; excelência, então, não é um modo de agir, mas um hábito."

ARISTÓTELES (384 a.C – 322 a.C.)

Quando o assunto são os seres humanos, falar sobre uma mudança de hábito nunca é algo fácil, principalmente se mencionamos a mudança de seu MINDSET.

A neurociência mostra que essa dificuldade é decorrente do processo natural de funcionamento cerebral, pois todo o aprendizado teórico e motor é armazenado de forma inconsciente nas áreas chamadas de sistema límbico e tronco encefálico.

Grande parte dos aprendizados e comportamentos que armazenamos é composto por hábitos. Esses hábitos, normalmente, decorrem de práticas e atitudes repetitivas que, quando são internalizadas, se tornam uma memória de trabalho e passam a ser armazenadas na estrutura que possui a maior quantidade de neurônios em todo o cérebro, o cerebelo.

Essa área faz parte do conjunto chamado de tronco encefálico e é responsável pela automação das ações e atitudes com a finalidade de economizar energia, ganhar eficiência e agilidade e garantir a sobrevivência.

Os hábitos se formam a partir do processo cerebral automático que busca enraizar aprendizados, memórias e experiências a fim de possibilitar a otimização dos recursos fisiológicos e assegurar o acesso imediato e inconsciente aos recursos aprendidos. O tronco encefálico, antigamente chamado de sistema reptiliano, também está ligado às atividades de sobrevivência, como respiração, tarefas do sistema digestivo e impulsos primitivos, entre outras.

Todos possuem hábitos bons e ruins. Para a maioria, os hábitos são criados de maneira inconsciente e executados de forma automática. Por ser realizada sem que seja necessário pensar, a rotina quando enraizada libera os processos de pensamentos analíticos, para que estes possam atuar em outras atividades. É um truque que nosso cérebro desenvolve para que sejamos mais eficientes (WEINSCHENK, 2013).

Os hábitos que formam nosso MINDSET são difíceis de serem adquiridos e modificados. A maioria deles é criada de modo natural, sem que se perceba. O livro *O poder do hábito* (DUHIGG, 2012) explica como os hábitos são formados e como usar gatilhos, rotinas e recompensas para mudar comportamentos.

É importantíssimo que as pessoas que queiram transformar seu MINDSET saibam como esse processo funciona, para que sejam capazes de moldar seus comportamentos e obter os resultados esperados.

Assim, um hábito consiste em criar um gatilho, ou seja, um evento que anuncie uma atividade rotineira, e depois estabelecer a prática para transformar o resultado. E, por último, definir uma recompensa que gere prazer para ser entregue após a rotina ser cumprida. Isso é o que se chama de Loop do Hábito.

O gatilho pode ser criado a partir de uma atividade, um sinal sonoro ou visual. A rotina consiste na nova atividade, no objeto do novo hábito, e a recompensa deverá ser um pequeno benefício ou uma premiação imediata pela atividade desempenhada.

Por exemplo, se um líder precisa que um liderado seja mais ágil para responder os e-mails, fazendo com que as mensagens que não puderam ser respondidas no dia anterior o sejam até as 10h do dia seguinte, será necessário criar gatilho (tomar o primeiro café da manhã); rotina (responder os e-mails do dia anterior); recompensa (falar com o líder sobre suas ideias e seus projetos futuros).

Nosso cérebro gosta de recompensa, não importa o que será entregue como prêmio para o novo comportamento. Cada vez que fazemos algo prazeroso, é liberado no nosso cérebro o neurotransmissor dopamina, responsável pela sensação de prazer.

A cada comportamento prazeroso nosso cérebro é estimulado de forma inconsciente, e repetir esse comportamento gera mais dopamina.

A pesquisadora Phillippa Lally, em 2009, apresentou um estudo mostrando que hábitos mais simples como esses são criados em dezoito dias, e os mais complexos em 254 dias, ou seja, quase nove meses.

Quando falamos da capacidade de aprendizado, que envolve mais do que a criação de hábitos, estamos falando de aprender a fazer atividades mais complexas, como operar equipamentos, aprender um idioma, tocar um instrumento, vender ou ministrar aulas.

Esse processo é um pouco mais complexo, e sua compreensão torna mais tolerantes aqueles que desejam transformam seu MINDSET com esse processo.

Em 1970, o psicólogo americano Martin M. Broadwell estruturou o que chamou de *"The four stages of competence"*, cuja tradução livre seria o equivalente a "Os quatro estágios do ciclo da aprendizagem", com o objetivo de explicar que o processo de aprendizado e mudança é composto por quatro fases. Ainda hoje, seu trabalho possui validade, principalmente depois dos estudos de Duhigg e Lally.

Fonte: adaptado do conceito de Martin M. Broadwell.

O Estágio 1 é denominado Inconsciente e Sem habilidade. Nesse momento, as pessoas não possuem conhecimento suficiente e estão alheias à habilidade ou ao comportamento necessário. Estão desinteressadas em determinado comportamento e também não possuem tal habilidade.

Por sua vez, o Estágio 2 é denominado Consciente e Sem habilidade. Nele, as pessoas já possuem consciência do novo comportamento, mas ainda não desenvolveram as habilidades necessárias para um bom desempenho.

É importantíssimo romper com o constrangimento de fazer algo novo, pois haverá muitas falhas, e o avanço vai requerer que se insista no novo comportamento, resistindo ao desconforto e à vontade de desistir.

É nesse momento que a maior parte das pessoas desistem, dizendo que a nova ideia, o novo processo, o novo método ou o novo sistema não funciona. Será necessário romper essa fase para atingir o crescimento e a melhoria esperada.

O Estágio 3 é denominado Consciente e Com habilidade. Nessa fase, depois de rompida a etapa do desconforto, é o momento de adquirir mais habilidade. As pessoas começam a ficar mais confortáveis com o novo aprendizado e a executar o novo comportamento com a qualidade desejada. É o estágio em que se começa a "pegar o jeito", tornando o comportamento mais natural. Porém, nessa etapa, ainda é necessário manter muita atenção e empenho, pois o novo aprendizado ainda não está gravado no cérebro de forma que se torne automático.

Por fim, o Estágio 4 é denominado Inconsciente e Com habilidade. Esse é o último estágio, no qual o novo comportamento já se tornou simples como um hábito e as pessoas não precisam mais "pensar" para agir, visto que a repetição gerou um aprendizado e um comportamento automático.

Nesse estágio, a memória de trabalho já começa a ser utilizada e o cerebelo, responsável por equilíbrio, controle muscular, aprendizagem motora e movimentos voluntários, passa a ser mais utilizado, executando o novo comportamento sem influência do córtex pré-frontal, área cerebral responsável pelos processos conscientes e racionais. Dessa forma, os movimentos e comandos começam a acontecer de forma inconsciente e automática.

É importante entender que o aprendizado e a mudança que desejamos obter em nossas vidas precisam ser estimulados e construídos. Muitas vezes, levará mais tempo do que o esperado para haver a consolidação do novo hábito, porém vale lembrar que todos podem atingir os mesmos resultados, talvez alguns apenas demorem um pouco mais. Se insistirem pelo tempo necessário, a meta será alcançada.

Se realmente não tivermos absorvido memes que nos façam, de verdade, ter vontade de realizar a transformação, não será possível superar as barreiras necessárias para atingir o resultado.

A psicóloga e pesquisadora Susan Weinschenk diz que: "A primeira coisa que precisamos entender é que na verdade não é possível convencer uma pessoa a fazer algo a não ser que, em algum nível, ela também tenha o desejo de fazê-lo".

Quando se fala em transformação pessoal, é inevitável que as pessoas busquem apoio profissional e de qualidade, seja de neurocoach ou de um mentor experiente que possa ajudar a extrair o seu melhor e a buscar alta performance, por meio de bons exemplos e *cases* reais vivenciados por ele.

Por outro lado, as experiências negativas também podem ter grande utilidade. Um bom exemplo são as situações pelas quais passamos quando trabalhamos com líderes autocráticos que utilizam somente sua visão e suas ideias.

Isso ocorre mesmo que existam novas informações ou que liderados com experiências diferentes apontem para uma solução melhor.

Nesse caso, aprender o que não fazer e de que tipo de influência devemos nos afastar se torna fundamental para que não haja perdas no processo de transformação.

Quando o assunto é influência e liderança, é inevitável que sejam feitas associações dos conceitos de autoridade, poder e experiência prática.

Porém, o que vai determinar o sucesso dessa relação com o neurocoach ou mentor são os memes utilizados por ele para influenciá-lo. Portanto, compreender como utilizar os memes sobre o significado de vitória, empreendedorismo, superação, equilíbrio emocional, resiliência, entre outros, é algo extremamente importante para que o neurocoach consiga ajudá-lo a atingir os resultados almejados.

É necessário conduzir uma transformação pessoal sabendo como e quando cobrar uma atitude ou um resultado, mantendo-o estimulado e engajado. Agir de forma adequada a cada situação é um grande desafio, tanto para o neurocoach quanto para quem possui o gene da liderança.

Rauch e Behling definem liderança como: "O processo de influenciar as atividades de um grupo organizado em direção à realização de um objetivo". Esse também é o papel do neurocoach no processo de transformação.

Em 2008, o pesquisador e jornalista britânico Malcolm Gladwell propôs uma teoria sobre o número de horas de experiência que uma pessoa deveria possuir para ser considerada especialista em qualquer coisa e a chamou de teoria das dez mil horas.

Em seu livro *Fora de série*, lançado no mesmo ano, Gladwell afirma que qualquer pessoa pode se tornar especialista em qualquer área desde que aplique dez mil horas de experiência, incluindo prática, aprendizado teórico e mentoria com profissionais experientes.

Em outras palavras, será necessário dedicar esforço e estudo durante duas horas por dia ao longo de quatorze anos, ou cinco horas e meia por dia durante cinco anos, ou oito horas ao dia por três anos e meio.

No entanto, ele explica que fazer a mesma coisa por esse tempo não garante o aprendizado. Será necessário a análise constante a fim de rever erros e pontos de melhoria para aperfeiçoar as práticas e, então, ganhar experiência e destreza.

Um profissional atuante em determinada área por vinte anos possui mais de dez mil horas, com certeza. Porém, pode ter investido todo esse tempo em práticas ruins e ultrapassadas, ainda que fazendo a mesma coisa por todo esse tempo.

É possível que ele tenha atuado de forma empírica e sem qualquer normatização ou processos de aprendizagem. Assim, considerar somente a quantidade de horas investidas para que uma pessoa se torne um especialista não é garantia de que o resultado proposto seja atingido.

Por meio da pesquisa sobre o sucesso de centenas de pessoas, Gladwell conseguiu provar a veracidade da teoria das dez mil horas, e a neurociência chegou para atestar que até mesmo o profissional que não possua determinada habilidade pode desenvolvê-la com muito empenho e dedicação.

Assim, ao lembrar da história com o meu pai, que relatei no início do livro, vejo que a ciência prova que meu pai estava certo ao dizer: "Você pode ser quem quiser ser, ninguém tem superpoderes e ninguém é melhor do que ninguém. Você só precisa se dedicar ao que quiser, que vai dar certo".

Ao mesmo tempo que essa teoria é animadora e igualitária, também nos mostra que algumas pessoas que possuem uma visão endurecida sobre mudar a forma como as coisas são feitas terão um enorme desafio em modificar esse panorama, já que investem muito tempo em práticas empíricas e, possivelmente, ultrapassadas.

Relacionando com o conceito de Martin M. Broadwell, o ápice da teoria das dez mil horas de Gladwell é atingido no estágio 4 do processo de aprendizagem. Nesse conceito, a experiência de fazer algo por dez mil horas torna a realização altamente habilidosa e ao mesmo tempo inconsciente, pois as atividades passam a ser feitas de forma automática, sem demandar muito pensamento.

As atividades motoras são processadas de forma inconsciente e automática com a finalidade de economizar energia e ganhar eficiência. Isso ocorre de modo natural para as atividades de sobrevivência, como respiração, sistema digestivo etc., mas também podem ser incorporados ao cerebelo comportamentos aprendidos por meio da repetição, o que os atletas de alta performance chamam de "memória muscular".

A vantagem desse conceito é que tal aprendizado enraizado aprendido através da repetição gera uma execução com extrema destreza e habilidade.

No entanto, ao analisarmos o exemplo de um líder sênior com mais de dez mil horas de experiência, a tendência é que vejamos um profissional capaz de lidar com grande pressão e diferentes situações de conflito.

É claro que veremos isso se ele realmente houver obtido, ao longo das dez mil horas, o aprendizado para lidar com esses problemas, e essa capacidade pode até atuar de forma automática em seu cérebro.

A desvantagem é que esse conhecimento enraizado gera a sensação de segurança durante sua atuação, tanto com base no que foi aprendido de forma prática quanto no que foi aprendido de maneira teórica e estruturada em seus estudos.

O líder, por sua vez, pode acabar manifestando posturas demasiadamente convictas e resistentes à mudança de seu MINDSET, visto que seu cérebro sempre vai preferir o caminho mais curto e de menor consumo calórico. Ou seja, vai buscar decisões familiares e seguir o processo conhecido, já que parece mais seguro e mais fácil.

Essa falsa sensação de segurança, gerada por sua grande destreza e pelo alto grau de conhecimento prático e experiencial, em determinado momento pode se tornar obsoleta sem a devida adaptação do seu MINDSET ao ambiente em evolução.

O excesso de segurança pode cegar sua senioridade e competência, acarretando a chamada "Síndrome do Prêmio Nobel", fenômeno que acomete alguns cientistas que receberam o prêmio e usaram autoridade e fama para defender ideias excêntricas ou anticientíficas.

Para que isso não ocorra e seja possível superar momentos de crise, é preciso buscar soluções inovadoras para os problemas encontrados, pois, normalmente, as respostas conhecidas já não funcionam mais.

Para isso, faz-se necessário pensar e agir de forma diferente, ou seja, buscar novos memes repensando o modo de aprender e agir.

Utilizando o conceito de Martin M. Broadwell, observa-se, então, que o caminho deve ser conduzido até o início do estágio 4, onde já existe conhecimento e prática suficiente para automatizar a atuação, porém ainda é muito recente para ser enraizado. Dessa forma, o aprendizado ainda permanece maleável e suscetível a mudanças emergenciais que se fizerem necessárias.

Observa-se também que um novo patamar de exposição precisa ser estabelecido até que se atinja o que eu chamo de "Flexibilidade Evolutiva". Esse ponto é alcançado quando se somam cinco mil horas de experiência, onde a experiência anda junto com a inovação e com a capacidade adaptativa.

Nesse ponto é possível obter os melhores resultados atuando de forma automática, porém mantendo ainda a agilidade necessária para criar diferenciais competitivos, os chamados "pontos fora da curva".

Esse termo tem origem na curva de Gauss, fórmula criada pelo matemático alemão Johann Carl Friedrich Gauss que passou a ser utilizada para descrever aqueles que possuem características especiais e se destacam dos demais em determinada categoria.

Por isso, em tempos de crise e, principalmente, nesse momento, faz-se necessário investir em treinamento e capacitação pois, para atingir os resultados em um mercado recessivo, será preciso usar novos conceitos e novas ferramentas para aumentar a produtividade e a precisão, sem aumentar os investimentos em maquinário e pessoal.

Estamos falando em aumentar a capacidade produtiva por indivíduo, pois segundo o prêmio Nobel de Economia em 2008, Paul Krugman, a única forma de um país se desenvolver de modo a figurar no grupo de nações desenvolvidas é aumentar a capacidade produtiva individual, e o meio para fazer isso é a educação.

Segundo estudos de Krugman, um trabalhador argentino faz o trabalho de dois trabalhadores brasileiros, e um trabalhador americano faz o trabalho de quatro brasileiros.

Dessa forma, fugir de comportamentos enraizados, mantendo o MINDSET ensinável e a disposição para aprender, além de ajudar outras pessoas em seu desenvolvimento individual, é o único caminho para a construção de uma nação vencedora. Como dizia o ex-reitor da Universidade de Harvard, Derek Bok: “Se você acha que educação é cara, experimente a ignorância”.

Mas, para isso acontecer, será necessário que as empresas estabeleçam projetos permanentes de educação corporativa e de inovação em todas as áreas, principalmente no que se refere à capacitação de líderes, contaminando o ambiente com seus memes.

CAPÍTULO 12

A GENÉTICA E O MINDSET

Saiba como alguns genes influenciam a construção do MINDSET

"A maior habilidade de um líder é desenvolver habilidades extraordinárias em pessoas comuns."

ABRAHAM LINCOLN (12/02/1809 – 15/04/1865)

Até o momento, nem a medicina nem a psicologia têm considerado os fatores genéticos como um dos principais elementos na ordenação dos filtros que direcionam a atenção e o interesse dos seres humanos.

Esses filtros são os responsáveis por direcionar a atenção das pessoas para qualquer coisa, seja um assunto, objeto ou simplesmente um modelo de carro que estamos pensando em comprar e que, como passe de mágica, passamos a perceber com muito mais frequência nas ruas.

A origem dos comandos para esses filtros podem ser os interesses pessoais ligados a genes, perfil psicológico, vivências, área de atuação, impulsos primitivos relativos à Pirâmide de Huntt e direcionamentos referentes a situações momentâneas, entre outros.

Nossos cinco sentidos são impactados por onze milhões de bits por segundo de informação, sendo o principal deles a visão, com espantosos dez milhões de bits por segundo.

Porém, o ser humano possui limitação cognitiva de percepção consciente de apenas quarenta bits por segundo, ou seja, uma palavra de cinco letras por segundo. Dessa forma, são os filtros de interesses que direcionam os critérios a serem percebidos dentro dos quarenta bits por segundo conscientes.

Assim, ao olharmos para a genética, vamos descobrir que existem vários genes já mapeados e ligados a determinados comportamentos. Dentre eles destaco o NR2B, o gene da memória; o 5-HTT, o gene do humor; o 5-HTA1, o gene do relacionamento; o MAOA, o gene da agressividade; e o RS4950, o gene da liderança.

No entanto, sempre se acreditou que liderança fosse algo que nascia com as pessoas, que o profissional já era um líder ou um liderado nato.

Muitas vezes uma pessoa que possuía características dominantes, isto é, foco no resultado, era confundida com alguém com a capacidade inata de liderar. Entretanto, isso é somente um traço do perfil psicológico, e não necessariamente uma capacidade.

Com a evolução dos conceitos de gestão de pessoas, passou-se a acreditar que a liderança pode ser desenvolvida e que o bom líder é aquele que possui suas habilidades desenvolvidas e bem-formadas, seja a capacidade inata ou adquirida.

Segundo Antônio de Jesus Limão Ervilha, o líder nato, aquele que nasce com esse dom, reúne características de personalidade e tem atitudes que fazem dele naturalmente um guia.

O líder treinável é aquele que não nasce com esse dom, mas tem algumas características e desenvolve outras com muito esforço e empenho. Bastante aplicado, consegue o respeito de todos. Já o líder nato é aquele que nasce com características de liderança e, além disso, é extremamente esforçado, treina e desenvolve habilidades, tornando-se um comandante admirável.

Em 1999, Gubman enfatizou que a liderança pode ser ensinada e aprendida, só que algumas pessoas têm maior inclinação do que outras. Deve-se perceber quais são essas pessoas e ensiná-las a serem líderes, não desperdiçando tempo com aquelas que não possuem essa aptidão e jamais chegarão àquele patamar.

Pesquisas realizadas em 2012 por Jan-Emmanuel De Neve, da University College London, com quatro mil indivíduos, apontaram para a existência do "gene da liderança".

A pesquisa identificou uma variação no SNP (single nucleotide polymorphism), ou polimorfismo de nucleotídeo único, no gene chamado de RS4950, como sendo o gene responsável por gerar características e o impulso para liderança.

No SNP do gene RS4950, foi identificado que existem três combinações possíveis: o líder nato; o indivíduo influenciado pelo ambiente, ou seja, se estiver em um ambiente propício para liderar, assim ele o fará, e se estiver em um ambiente propício para ser liderado, também se adaptará; e o indivíduo que costuma fugir de responsabilidades e não gosta de coordenar (por não se sentir bem no controle das situações, recusa promoções no trabalho e é avesso a riscos).

A ideia de que as pessoas nasciam líderes foi encarada, inicialmente, como uma visão elitista e preconceituosa. Com a evolução da gestão de pessoas, passou a ser vista como uma habilidade a ser desenvolvida e, recentemente, voltou a ser considerada como uma habilidade nata, porém agora com base científica de que também pode ser desenvolvida.

Mesmo havendo características genéticas associadas à liderança, comprovadas cientificamente, a capacidade de adaptação e aprendizado do ser humano é inigualável na natureza.

Dessa forma, a evolução científica também apresentou, recentemente, a epigenética, o ramo da genética que estuda, de modo geral, a forma como os genes estão ativados ou silenciados, de acordo com os fatores externos/ambientais, tais como: estilo de vida, estresse, nutrição, clima etc., não envolvendo modificações na sequência do DNA.

De uma maneira simplificada, a epigenética consiste no processo de modificação genética dos genes herdados, porém sem alterar a sequência de DNA. Ou seja, sem mudar as sequências das bases que ocorrem nos SNPs.

Os hábitos de vida e as ideosferas em que as pessoas estão inseridas podem modificar o funcionamento de seus genes. Essas mudanças químicas ocorrem nas moléculas do DNA (linha do carretel) ou nas histonas (carretel do DNA) e podem ser chamadas de metilação ou acetilação; a primeira é responsável por silenciar determinado gene e a segunda, por ativá-lo.

Dessa forma, é possível ativar não só o gene da liderança em pessoas que o possuem desativado, mas também outros genes mapeados e outros não mapeados, mas que em uma análise informal nos indicam existir.

Seguindo a teoria das dez mil horas, aplicando prática e aprendizado, contaminando-se com um ambiente memético voltado para liderança, a tendência é que a acetilação ocorra e seu MINDSET passe a abrigar tal aprendizado.

Após a acetilação, o gene da liderança será incorporado ao DNA e as futuras gerações o herdarão ativado, já nascendo com ele. Isso também vale para diversas outras características que passem por esse processo.

Como o meme é a expressão do gene, as características meméticas absorvidas ao longo da vida dos líderes e liderados podem ser incorporadas ao próprio DNA, gerando novas práticas e aprendizados natos.

Alguns genes já estão mapeados e relacionados com comportamentos, porém algumas aptidões, como equilíbrio emocional, resiliência, talentos musicais e esportivos, ainda não estão mapeados e carecem de estudo.

Mas é possível especular que se estimularmos a aplicação de melhores práticas e comportamentos, mapeados ou não, eles devam gerar melhores heranças epigenéticas de alguma forma para nossos herdeiros.

Cabe ao candidato à transformação de seu MINDSET entender esse conceito da epigenética para absorver a ideia de que não há limitações para que qualquer pessoa consiga desenvolver alguma habilidade.

De toda forma, havendo herança genética ou não, a ciência nos mostra, por meio da epigenética, que as habilidades podem ser aprendidas, desde que haja dedicação intensa durante o período de dez mil horas de envolvimento.

CAPÍTULO 13

O MINDSET BRASILEIRO

Como uma nação foi construída a partir da mídia

"A massa mantém a marca, a marca mantém a mídia, e a mídia controla a massa."

GEORGE ORWELL (25/06/1903 – 21/01/1950)

Preciso começar este capítulo dizendo que assim como a solução para o Brasil está na mão da mídia, o problema do Brasil também está.

Há um ditado popular que diz: "Diga-me com quem andas, que eu te direi quem és". Acredita-se que essa frase tenha origem bíblica, pois é possível encontrar ao menos dois versículos que indicam o mesmo sentido: 1Co 15:33 "Não vos enganeis. As más companhias corrompem os bons costumes" e Pv 13:20 "Quem anda com os sábios será sábio; mas o companheiro dos tolos sofre aflição".

Em outras palavras, tanto o ditado popular quanto os dois versículos alertam para a influência que o contato com ideias e padrões de atitudes dos outros pode exercer sobre quais valores farão parte de nossas vidas e quais serão as nossas decisões diante das mais diversas situações.

Se uma criança cresce vendo seus pais mentindo sempre que lhes for conveniente, provavelmente incorporará essa atitude em sua vida, pois eles representam para ela autoridade e referência de educação, tanto com suas palavras quanto com seus exemplos.

Da mesma forma, se uma família possui uma visão de empreendedorismo, tendo na sua origem sucessivas gerações de donos de lojas, fábricas, restaurantes e outros negócios, a criança que crescer nesse meio terá essa influência na vida. O mais provável é que ela construa sua carreira baseada nessas experiências, tanto por já ser um caminho conhecido de sucesso familiar quanto pelas ideias absorvidas ao longo do tempo. Ideias essas que fazem parte dos churrascos em família, dos conselhos sobre a profissão a seguir, dos inúmeros comentários anticrise e de proatividade diante das piores notícias econômicas exibidas na TV.

É interessante pensar também no poder de influência que existe nos eventos de final de semana para imersão em um assunto, promovidos por empresas para seus funcionários, os chamados *bootcamps*.

Esses eventos são semelhantes aos retiros espirituais organizados por religiões com a finalidade de aproximar seus fiéis e fazê-los absorver rapidamente uma nova cultura, novas ideias e novos padrões de pensamento, o que a neurociência chama de ambiente imunodepressor.

Como já vimos, ambientes como esse são capazes de transformar até os pensamentos mais enraizados e as ideias mais avessas. Nesse cenário existem os exemplos de pessoas comuns que mudaram suas vidas a partir da transformação de suas ideias.

Há a validação por uma figura de autoridade, ou seja, de uma celebridade ou alguém importante aprovando aquelas novas ideias. Existe também a criação de um propósito de mudança maior envolvendo o bem-estar e a coletividade, seja da empresa ou da comunidade religiosa.

O que quero dizer é que a influência dos pais e dos amigos, os eventos empresariais de imersão e os retiros espirituais possuem um papel fundamental de influência e construção do chamado complexo memético do indivíduo, ou seja, o modelo mental formado a partir do conjunto de valores e ideias absorvidos ao longo do tempo.

O ambiente empresarial em que estamos inseridos também pode ser chamado de complexo memético, pois possui missão, visão e valores para nortear as ações de todos que trabalham lá. Há também o complexo memético presente no conjunto de ideias difundidas sempre com mesmo formato, roupagem e propósito, existente em uma revista, um jornal, um seriado ou mesmo uma emissora de TV ou de rádio.

A influência memética exercida sobre um povo pode ser compreendida por seu significado: "a unidade de transferência e imitação cultural". Um conjunto de memes absorvidos, de forma natural ou proposital, é fundamentalmente o que define a cultura e os valores de um povo, de uma sociedade, de um grupo e de uma família.

A Alemanha, por exemplo, é considerada há décadas a economia mais sólida do mundo. Das duas mil empresas com maior rendimento em todo o planeta, 53 são alemãs, e 95% de toda a economia são formados por pequenas e médias empresas, as chamadas Mittelstand.

Nesse país, sindicatos e patrões conversam e decidem salários e níveis de produtividade dos funcionários, a fim de manter a lucratividade e os postos de trabalho ativos. Todo o sistema financeiro, como bancos e cooperativas, se preocupa em fazer com que o crédito seja acessível a todos.

Existe grande preocupação de cada cidadão em servir ao seu país, dar o seu melhor e agir pensando no ganho coletivo. Mas onde começou tudo isso? Com os memes difundidos no pós-guerra, na criação da chamada "economia social de mercado", instaurada sob o governo democrata-cristão do chanceler Konrad Adenauer, que se manteve, desde então, como um alinhamento de política de Estado.

Ou seja, independentemente das convicções religiosas de cada cidadão, o conjunto de políticas é sempre para favorecer todos, e não privilegiar alguns. Foi o conjunto de memes retirados da Bíblia, como igualdade, respeito às autoridades, respeito e amor ao próximo, honestidade e trabalho duro, que balizaram esse conjunto de posturas de gestão pública.

Se analisarmos também a cultura dos Estados Unidos, vamos encontrar um conjunto de valores muito parecidos, visto que o país foi uma colônia britânica cristã protestante, que teve seu complexo memético construído por diversos homens com os mesmos valores.

Já no Brasil, temos a principal emissora de TV, a Rede Globo, com 98 milhões de telespectadores, público de fazer inveja a qualquer emissora do mundo e cuja audiência só pode ser comparada à final do campeonato de futebol americano nos EUA.

A capacidade da Globo de influenciar a população é absurda, pois suas novelas, mesmo que despretensiosamente (o que duvido), chegam a ditar a cor de esmalte que as mulheres devem usar. Ditam o modelo, o comprimento e a cor das roupas que elas devem vestir.

Ditam o padrão estético a ponto de tornar o Brasil o primeiro em número de cirurgias estéticas para colocar implantes de silicone e demais intervenções. Além disso, influencia que tipo de música as pessoas devem ouvir para estarem na moda e serem aceitas pelos demais grupos sociais.

Seus programas de auditório e de entrevista lançam celebridades, meteoricamente, e também as enterram rapidamente quando querem. A cada novo programa de humor criado pela

Globo, novos jargões são estabelecidos e novos padrões de atitude são enraizados na população.

Quando falo que a solução do Brasil está na mão da Globo, me refiro à capacidade de influência e de transformação do MINDSET do brasileiro, a partir de sua penetração nos lares do povo, já que culturalmente o brasileiro vê a Globo como referência de informação e entretenimento. É claro que quem pode mudar o Brasil são somente os brasileiros, porém quem pode mudar os brasileiros, ao menos com a velocidade necessária e de forma integrada, é a Globo.

Enquanto eu me preocupo em debater os problemas econômicos e questões como sustentabilidade, inovação e empreendedorismo com a minha família, há milhares de pessoas vidradas nas novelas.

Enquanto tento ser referência e boa influência, transformando o MINDSET deles, fazendo-os ver outra realidade e os ajudando a ter pensamentos e padrões de atitudes vencedoras, as famílias seguem tendo a televisão como sua referência.

Com a televisão do modo que está formatada, as pessoas assistem a novelas e acabam aprendendo que adultério é normal, que honestidade não é importante, que ser empreendedor é para rico ou que para chegar lá é necessário fazer coisas erradas.

Aprendem que festejar é mais importante do que economizar e focam sua atenção em esperar seu time de futebol entrar em campo, como uma forma de alívio momentâneo das dores diárias sentidas por um povo que não sabe como melhorar de vida e tem pouco conhecimento para decidir em quem votar nas próximas eleições.

Isso tem gerado péssimas escolhas nas urnas nos últimos anos, o que alimenta o atual sistema que pouco se importa com o povo, voltado para administrar o próprio sistema, que arrocha as empresas e subjuga a população.

A influência que a Globo possui sobre a população vai além da capacidade de ajudá-la a fazer boas escolhas nas urnas. Está ligado também a ajudar o povo a valorizar o que realmente importa, a valorizar os princípios e as atitudes responsáveis por formar as principais nações do mundo.

A Globo pode criar programações de entretenimento com conteúdo capaz de terminar com o jeitinho brasileiro, de sempre querer levar vantagem em tudo, de ser egoísta, desordeiro, mal-educado e desonesto, características amplamente destacadas em diversos países que recebem turistas brasileiros.

Seria muito interessante ver uma emissora com a capacidade da Globo criando programas e reportagens com memes construtivos, altruístas e agregadores, capazes de mudar o rumo de uma nação a partir da influência e do bom exemplo.

CAPÍTULO 14

A PREPARAÇÃO DO MINDSET

Como funciona o ciclo do comportamento

"Você tem que ser o espelho da mudança que está propondo. Se eu quero mudar o mundo, tenho que começar por mim."

MAHATMA GANDHI (02/10/1869 – 30/01/1948)

Acredito que todas as pessoas já tentaram mudar algum comportamento, seja simples ou até mesmo mais complexo, como alguns vícios. É provável que você já tenha tentado ajustar seu comportamento para se alimentar melhor, perder peso, parar de fumar ou de roer as unhas. São muitos os comportamentos que gostaríamos de incluir em nossas vidas e outros tantos que gostaríamos de eliminar.

A psicologia define comportamento como: "a conduta, procedimento, ou o conjunto das reações observáveis em indivíduos em determinadas circunstâncias inseridos em ambientes controlados".

Segundo o dicionário Michaelis, sucesso significa: "obter bom resultado; êxito; pessoa que alcança grande popularidade". Faz parte da natureza humana buscar ser bem-sucedido, ocupando posições, aumentando o patrimônio e conquistando vitórias.

Mais do que uma busca social, imposta pela influência da mídia ou de suas ideosferas, a procura pelo sucesso vai além de uma forma de exibicionismo. Obter sucesso é uma manifestação biológica para garantir o encontro de recursos e a sobrevivência, como vimos na Pirâmide de Huntt. No entanto, para que se consiga atingir os objetivos almejados, é necessário cultivar os comportamentos mais adequados.

O americano Chris Hogan, autor do livro *Everyday Millionaires: How Ordinary People Built Extraordinary Wealth - and How You Can Too* ("Milionários todos os dias: como as pessoas comuns construíram riquezas extraordinárias – e como você também pode", em tradução livre), estudou dez mil milionários americanos (definidos como aqueles com um patrimônio líquido de pelo menos US$ 1 milhão) por sete meses e constatou que eles alcançaram seus objetivos a partir de quatro relacionamentos-chave: um coach, um mentor, uma "líder de torcida" (alguém que torça muito por você) e um amigo.

Ele também descobriu que esses relacionamentos foram indispensáveis para que cada milionário conseguisse mudar seus comportamentos e atingir seus objetivos.

Hogan diz que milionários assumem responsabilidade de forma pessoal, são orientados a objetivos e trabalham duro, sabem que a riqueza é construída a longo prazo e, por isso, seguem seus planos por anos, agindo com consistência e sem nunca parar.

Trazendo para o viés da neurociência, Hogan descobriu que manter esses comportamentos é algo muito importante, porém manter a resiliência mental e física para fazer o que está sendo proposto e planejado por anos e até décadas é o que torna alguém vencedor, é o que torna alguém milionário.

Dessa forma, é preciso observar que, para mudar um comportamento, é necessário entender como ele se forma. Isso faz lembrar uma pequena história que escutei uma vez e pode exemplificar muito bem o que quero dizer sobre por onde devemos começar para modificar um comportamento.

Certa vez, um menino de oito anos estava brincando de passar por baixo dos bancos na igreja enquanto eu aguardava, com meus pais, o culto iniciar. Seu sobe e desce de forma constante e agitada fez com que a mãe lhe pedisse para sentar e se acalmar, pois o culto já estava prestes a começar.

Mesmo assim, o menino continuou sua brincadeira, ignorando o apelo. Ela novamente insistiu mais algumas vezes e o garoto seguiu ignorando, até que a mãe perdeu a paciência e deu uma ordem direta em voz alta e bem firme, chamando a atenção de quem estava próximo: "Joãozinho, senta agora, senão não vamos tomar sorvete depois do culto".

Dessa vez, o menino parou, franziu a testa, cruzou os braços e sentou-se no banco. Ao fazer isso, ele olhou firmemente para sua mãe e disse: "Mãe, eu sentei porque você mandou, mas aqui na minha cabeça eu continuo de pé".

Essa historinha nos dá uma ideia do que acontece quando tentamos mudar comportamentos sem estarmos realmente convencidos e com a mente preparada.

Mudamos provisoriamente algo e, em poucos dias ou semanas, voltamos ao comportamento antigo, porque provavelmente continuamos "em pé" dentro de nós mesmos para realizar aquelas mudanças que muitas vezes são solicitadas por terceiros.

É o médico requisitando uma mudança na alimentação para não prejudicar mais a saúde. É a esposa pedindo para o marido contribuir mais com a casa. É o chefe solicitando que o funcionário chegue no horário ou seja mais produtivo.

São muitas as demandas que recebemos todos os dias, e é provável que a maioria delas seja proveniente de terceiros. São poucas as pessoas que se permitem decidir sozinhas mudar um comportamento que não esteja funcionando ou que não gere os resultados almejados.

Quando o viés de reconhecimento e pertencimento da Pirâmide de Huntt é violado, ou seja, quando alguém se sente desvalorizado ou excluído, esses sentimentos desencadeiam uma energia de ativação enorme para prover uma mudança, porém uma energia com valência negativa, que atua 2,5 vezes mais do que a energia com valência positiva.

Por isso, as pessoas tendem a agir somente quando são impelidas por terceiros, pois gerar decepção a si mesmo não afeta tanto quanto decepcionar os outros.

No entanto, o caminho para sermos donos dos nossos comportamentos e resultados está expresso no que batizei de Ciclo da Construção do Comportamento.

O Ciclo da Construção do Comportamento apresenta a ordem de como os comportamentos são criados. A melhor forma de entender o esquema é lê-lo de trás para frente.

Fonte: elaboração do autor.

O comportamento, para acontecer, depende de um MINDSET preparado que, por sua vez, depende da construção de imunomemes capazes de ignorar memes negativos externos. Esse padrão mental é construído a partir de valores e crenças absorvidos por meio da contaminação memética das ideosferas de nossas vidas. Como consequência, ele direciona os filtros de interesse e padrões de pensamento inconscientes, provenientes da carga genética individual. Por último, recebe alterações epigenéticas do ambiente, com base na construção de hábitos e comportamentos repetidos por muitos anos, dando início a novos ciclos.

Cabe, portanto, ao aspirante ao sucesso focar sua energia e seu tempo para modificar o seu MINDSET a fim de conseguir transformar o seu comportamento e, então, passar a ter resultados incríveis como frutos de seus novos comportamentos.

REFERÊNCIAS

ADAIR, John. *Leadership and Motivation: The Fifty-Fifty Rule And The Eight Key Principles Of Motivating Others*. Londres: Kogan Page Limited, 2006.

ARYELY, Dan. *Previsivelmente irracional: como as situações do dia a dia influenciam as nossas decisões*. Rio de Janeiro: Campus, 2008.

ASIMOV, Isaac. *O cérebro humano*. [S.l.]: Hemus, 2002.

BARBOSA, Christian. *A tríade do tempo*. Rio de Janeiro: Sextante, 2011.

BLACKMORE, Susan. *The Power of Memes*. [S.l.]: Scientific American, 2000.

BLACKMORE, Susan. *The Meme Machine*. Nova York: Oxford University Press, 1999.

BRADLEY, Margaret M.; LANG, Peter J. *Measuring Emotion: The Self-Assessment Manikin and the Semantic Differential*. Gainesville: Journal Behavior Ther. & Exp. Psychiatry, 1994.

BRODIE, Richard. *O vírus da mente*. São Paulo: Cultrix, 2009.

CAMARGO, Pedro Celso Julião de. *Eu compro, sim! Mas a culpa é dos hormônios*. São Paulo: Novo Conceito, 2013.

CAMARGO, Pedro Celso Julião de. *Neuromarketing: a nova pesquisa de comportamento do consumidor*. São Paulo: Atlas, 2013.

CIALDINI, Robert B. *As armas da persuasão: como influenciar e não se deixar influenciar*. Rio de Janeiro: Sextante, 2012.

COSENZA, Ramon M. *Neurociência e educação: como o cérebro aprende*. Porto Alegre: Artmed, 2011.

DAWKINS, Richard. *O gene egoísta*. São Paulo: Companhia das Letras, 2007.

DUHIGG, Charles. *O poder do hábito: por que fazemos o que fazemos na vida e nos negócios*. Rio de Janeiro: Objetiva, 2012.

DUHIGG, Charles. *Mais rápido e melhor: o segredo da produtividade na vida e nos negócios*. Rio de Janeiro: Objetiva, 2016.

FRANCIS, Richard C. *Epigenética: como a ciência está revolucionando o que sabemos sobre hereditariedade*. Rio de Janeiro: Zahar, 2015.

GIGERENZER, Gerd. *Poder da intuição: o inconsciente dita as melhores decisões*. Rio de Janeiro: Best Seller, 2009.

GLADWELL, Malcolm. *Fora de série*. Rio de Janeiro: Sextante, 2008.

GONÇALVES, Lilian S. *Neuromarketing aplicado à redação publicitária*. São Paulo: Novatec Editora, 2013.

GUNDERS, John; BROWN, Damon. *The Complete Idiot's Guide to Memes: Find Out What Makes An Idea Catch On*. Indianapolis: Alpha Books, 2010.

HALL, Calvin S.; LINDZEY, Gardner. *Theories of Personality*. Nova York: Wiley, 1966.

HANSENNE, Michel. *Psicologia da personalidade*. Lisboa: Climepsi, 2004.

HENSON, H. Keith. *Memes, Meta-Memes and Politics*. [S.l.]: Reason/Clostrophobia/ Singularity, 1994.

HEYLIGHEN, F. Memetics. Principia Cybemetica Web, ago. 1993/nov. 2001. Disponível <http://pespmc1.vub.ac.be/MEMES.html> Acesso em 12 jun 2023.

HOFSTEDE, Geert; HOFSTEDE, Gert Jan; MINKOV, Michael. *And Organizations: Software Of The Mind*. 2a. ed. rev. e ampliada. Nova York: McGraw-Hill, 2005.

HOFSTEDE, Geert. *Culture's Consequences: Comparing Values, Behaviors, Institutions, And Organizations Across Nations*. 2a. ed. Thousand Oaks: Sage Publications, 2001.

HOWE, Neil; STRAUSS, William. *Generations: The History of America's Future, 1584 to 2069*. Nova York: William Morrow & Company, 2002.

KAHNEMAN, Daniel. *Rápido e devagar: duas formas de pensar*. São Paulo: Objetiva, 2012.

KENRICK, Douglas T.; GRISKEVICIUS, Vladas; NEUBERG, Steven L.; SCHALLER, Mark. Renovating the Pyramid of Needs: Contemporary Extensions Built Upon Ancient Foundations. *Perspect Psychol Sci,* 5(3): 292-314, maio 2010.

LAVAREDA, Antonio; CASTRO, João Paulo. *Neuropropaganda de A a Z: o que um publicitário não pode desconhecer*. Rio de Janeiro: Record, 2016.

LINDSTROM, Martin. *Brandwashed: segredos sensoriais por trás das coisas que compramos*. Porto Alegre: Bookman, 2012.

LINDSTROM, Martin. *Lógica do consumo: verdades e mentiras sobre por que compramos*. Rio de Janeiro: Nova Fronteira, 2009.

LINDSTROM, Martin. *Small Data: como poucas pistas indicam grandes tendências*. Rio de Janeiro: Harper Collins, 2016.

MACLEAN, Paul. *The Triune Brain In Evolution: Role In Paleocerebral Functions*. [S.l.]: [s.n.], 1990.

MASLOW, Abraham H. *Motivation and Personality*. 2a. ed. Nova York: Harper and Row, 1970.

MASLOW, Abraham. H. *The Farther Reaches of Human Nature*. Londres: Penguin Books, 1976.

PIANARO, Fernando. *Acupuntura organizacional: coaching no suporte ao planejamento estratégico*. Curitiba: Hellograf, 2013.

PRADEEP, A. K. *O cérebro consumista*. São Paulo: Cultrix, 2010.

RENVOISÉ, Patrick. *Neuromarketing: Understanding The "Buy Button" In Your Customer's Brain*. Nashville: SalesBrain, 2002.

ROCK, David. *Quiet Leadership: Six Steps To Transforming Performance At Work*. Nova York: Collins, 2006.

ROCK, David. *Your Brain At Work: Strategies For Overcoming Distraction, Regaining Focus, And Working Smarter All Day Long*. Nova York: Collins, 2009.

TYLER, Tim. *Memetics: Memes And The Science Of Cultural Evolution*. Middletown: Mersenne Publishing, 2011.

NOTA RELEVANTE

Em nenhum outro momento da história da humanidade entendemos tanto sobre como funciona a mente humana e sobre como funcionam os padrões de decisão inconscientes como na atualidade.

Pesquisas com imagens cerebrais, análises de hormônios e neurotransmissores, bem como a análise genética têm possibilitado aplicar inovações neurocientíficas no mundo dos negócios.

Temos conseguido realizar pesquisas com aplicação prática, dentro da realidade e da necessidade de pessoas e empresas, entendendo como elas funcionam e usando esses conceitos em todas as áreas do conhecimento.

Descobrimos que os seres humanos estão sempre buscando maximizar o prazer e fugir da dor. Estão sempre tentando automatizar suas atitudes e seus comportamentos de forma a economizar energia, gerando assim a preguiça e a procrastinação, tão conhecidas por todos.

Ao entendermos esses processos biológicos, tornamo-nos mais aptos a lidar com a complexidade humana e aprendemos até como influenciá-los, a fim de conseguir fazer o que precisa ser feito mesmo quando não estamos com vontade, mesmo que nossa mente e nosso corpo só queiram sombra e água fresca.

Este é o propósito do livro: ajudar as pessoas a serem capazes de romper com suas limitações, para a construção de um MIND-SET de Aço.

A neurociência está entrando em nossas vidas e veio para ficar!

SOBRE O AUTOR

Com uma trajetória impressionante, Tiago Cavalcanti de Albuquerque Tabajara nasceu em Porto Alegre, Rio Grande do Sul, em 1979, e hoje é um profissional de destaque no campo do Neuromarketing. Com títulos de mestre e PhD em Neuromarketing conquistados nos Estados Unidos, ele é um especialista altamente qualificado com dezenas de formações, certificações e pós-graduações.

Com uma sólida experiência de 20 anos na área comercial, Tiago passou por renomadas empresas multinacionais, onde sua habilidade e talento resultaram em inúmeros prêmios de vendas por sua excepcional performance. Ao longo dos últimos 13 anos, ele tem se dedicado ao ensino e a palestras, compartilhando seus conhecimentos. Além disso, ele atua como consultor de empresas em diversas áreas e como neurocoach de alta performance, proporcionando resultados significativos.

Tiago também é um escritor prolífico, contribuindo com artigos e colunas para diversos sites, portais e revistas. Seus insights e conhecimentos têm sido amplamente reconhecidos e compartilhados no campo da neurociência aplicada aos negócio.

Atualmente é CEO da Infinity Neurobusiness School, que atua com ensino superior, treinamentos corporativos e consultoria para empresas e universidades.

Como criador e coordenador do primeiro MBA em Neurobusiness do Brasil, bem como criador e coordenador do Programa de Mestrado Americano "Master of Science in Neuroscience for Business", Tiago tem se destacado como um pioneiro na área. Entre suas diversas criações de conceitos e métodos, destaca-se a Formação Profissional no Método Infinity de Neurocoaching, um método inédito unindo os princípios do coaching com os fundamentos da neurociência e o Assessment Mindleader Parati Cultural, um método capaz de mensurar, monitorar e alinhar divergências culturais. Tiago também tem proporcionado treinamentos de excelência para mais de 14 mil alunos, em quase 10 mil horas de aulas ministradas nos últimos 13 anos.

Com uma combinação única de experiência acadêmica, prática e conhecimento especializado, o professor Tiago é o parceiro ideal para impulsionar o sucesso do seu negócio através do Neurobusiness. Entre em contato agora mesmo e descubra como ele pode ajudar a transformar a sua abordagem e alcançar resultados extraordinários.